歴史探訪 天草興亡記

示車右甫
JISHA YUHO

海鳥社

歴史探訪　天草興亡記◉目次

天草五人衆の領域図（推定）

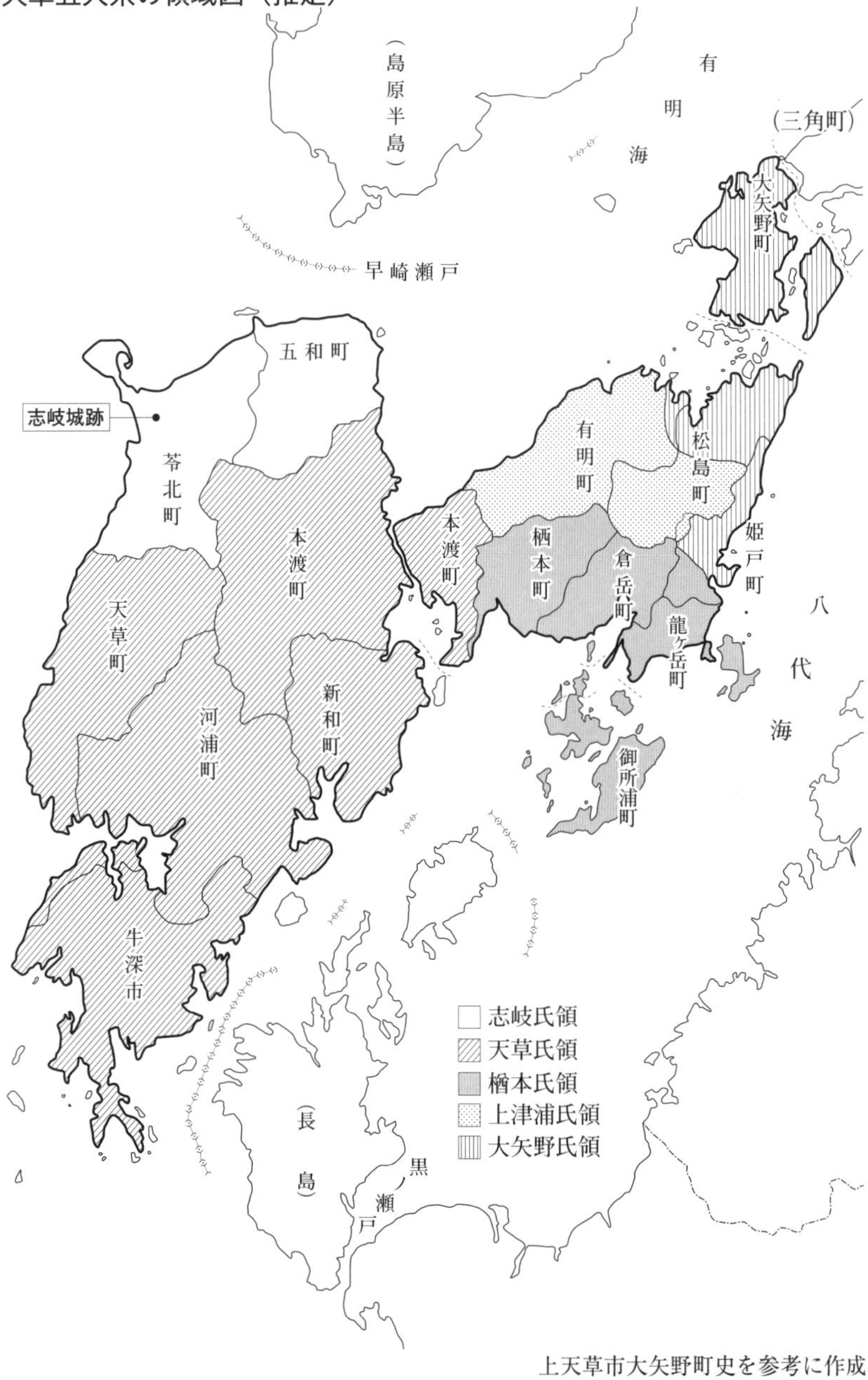

上天草市大矢野町史を参考に作成

天草の中世城跡分布図

長崎県
（島原半島）
原城
有明海
早崎瀬戸
大矢野城
浦川城
大矢野町
亀ノ迫城
柳城
富岡城
（伝）小浦館
鬼池城
下内野城
御領古城
御領城
（参）梅城
五和町
三川城
佐伊津城
在郷城
城木場城
志岐城
苓北町
広瀬城
本渡城
本町城
本渡南城
本渡町
上津浦城
大浦城
須子城
赤崎城
楠甫城
合津城
松島町
志柿城
小島子城
大島子城
有明町
教良木城
内野河内城
高垣城
瀬戸城
河内城
二間戸城
栖本城
栖本町
浦城
姫戸町
棚底城
倉岳町
龍ヶ岳町
福連木城
天草町
楠浦城
宮地岳城
馬場城
宮田城
古江城
大道城
金焼平家城
八代海
小宮地城
新和町
大多尾城
高浜城
河浦町
大江城
河内浦城
下田城
西高根城
宮野河内城
御所浦町
御所浦城
路木城
牛深市
魚貫城
久玉城
熊本県
（長島）
黒ノ瀬戸
鹿児島県

天草への誘い

木簡に記された天草

天草は熊本県の南西側に位置する。四面を海に囲まれ、西から下島・上島・大矢野島の三主島がつながり、大小百二十の島々から成り立っている。

北東を三角の瀬戸を通じ熊本の宇土半島へ、東は八代海（不知火）を隔てて、八代市・芦北郡に接し、西は名にし負う天草灘に面し、遠く東シナ海を望む。南は牛深から長島海峡を隔てて、長島から鹿児島の出水《いずみ》、阿久根《あくね》に達する。北は、富岡《とみおか》から橘《たちばな》湾を介して、野母《のも》半島・長崎市街に接し、また鬼池《おにいけ》から早崎《はやさきの》瀬戸《せと》を隔てて、有明海に面する島原半島へ連なる。大河川はなく、全島ほとんどが海岸線まで丘陵が迫り、平地に乏しい。

大化二年（六四六）の改新により、地方行政は大幅に改革された。公地《こうち》公民制《こうみんせい》、国郡《こくぐん》制度、班田収受《はんでんしゅうじゅ》の法、租《そ》、庸《よう》、調《ちょう》制度の採用である。

国郡制度は、今まであった国・郡・県《あがた》を整理し、令制律令国《りょうせいりつれい》とそれに付随する郡に整備しなおした。五畿七道《ごきななどう》が設けられ、そのもとに国・郡・里が置かれた。五畿内は大和・山背《やましろ》・摂津《せっつ》・河内《かわち》・和泉である。七道は東海道・東山道・北陸道・山陰道・山陽道・南海道・西海道である。西海道とは九州で、そこには火国《ひのくに》があった。これが持統天皇十年（六九六）年頃、肥前と肥後の国に分れたようである。肥後の国に十五郡があり天草郡が含まれている。

天草の地名が記録に現れるのは『続日本紀』が最初である。天平十六年（七四四）五月二十八日、肥後の国に雷雨地震があって「八代、天草、芦北三郡官舎」ほかに大被害が発生し、羅災者の救恤《きゅうじゅつ》にあたったとある。官舎があったということは、朝廷の出先機関があったということであろう。

承平年間（九三一－九三八年）に編纂された『和名類聚鈔』があり、これは古代律令制における行政区画の国《くに》・郡《こおり》・郷《ごう》を網羅している。これには、「安万久佐《あまくさ》」と注して「志記・波多・天草・恵家・高屋」の五郷からなる、とされる。ここでは、天草は、広義と狭義に解されている。郡と郷である。

志記郷は、現在の志岐《しき》・富岡・上津深江《かみつふかえ》・坂瀬川《さかせかわ》・二江《ふたえ》・都呂々《とろろ》・下津深江《しもつふかえ》など、天草下島の西北部一帯をさすものであろう。

波多郷は現在の三角町波多《はた》に由来し、三角浦および戸馳《とばせ》・大矢野・千束《せんぞく》で、のち三角浦と戸駛島は宇土郡に分れたものであろう。

天草郷は本村・本戸・町山口とされるが、一説には、現在の天草の壱町田と久玉《くたま》・その南長島とある。

恵家《えへ》・高屋両郷は不明である。似た地名がない。一説には、恵家は、「ゑへ」といい、宇土の江部ではないか。高屋は「かうら」と読み替え、高良とし、宇土郡内にあるという。また、「こうら」は河浦《こううら》とすれば、現在の河浦町一町田《いっちょうだ》といえなくもない。

福岡の福岡城趾の一隅に、かつて鴻臚館があった。古代大宰府政庁の迎賓館である。七世紀中頃設置され、貿易をも管理していた。十一世紀末には廃絶した。奈良時代には筑紫館と呼ば

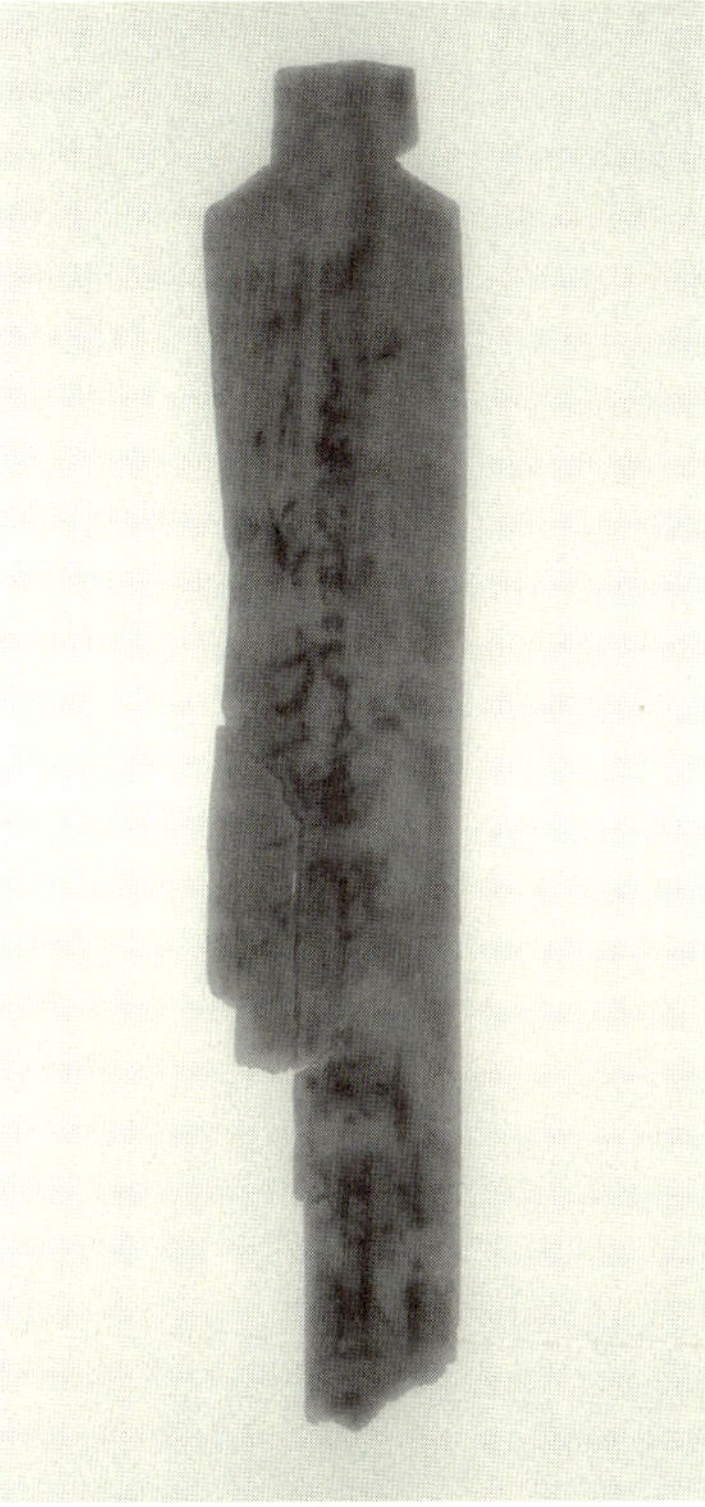

鴻臚館跡から出土した木簡。中央に「天草」の字がかすかに読み取れる（福岡市埋蔵文化財センター所蔵）

れた。

この跡地の便所の遺構から木簡《もっかん》が発掘された。木簡は板に墨書したもので、貢進物付札《こうしんぶつつけふだ》（税の品物につけた荷札）に利用された。付札には「肥後国」・「京都《みやこ》郡（福岡県）」・「庇羅郷《ひらごう》（平戸市）」など地名のほかに、当時の税の一種であった「庸」、「米」、「鹿の干肉」などが記載されていた。この木簡につぎのものがあった。

肥後国天草郡志記里□

品物の名前は木簡が欠けていて不明である。奈良時代（七一〇－七八四年）志岐の産物が、はるばる鴻臚館に納められて、遣唐使や遣新羅使、商客のために使われていたことは、想像を刺激するものがある。

「天草」という地名の由来についても諸説がある。三例をあげる。

『有明町郷土史』の記事、圭室諦成著「熊本の歴史」はいう。

一つは、天草は海士草に由来し、海士集団にちなむとする。これを敷衍《ふえん》すれば、こうである。天《あま》は海人《あま》である。草は屋根を葺《ふ》いたり、壁の材料などにする藁《わら》・萱《かや》などで、いわゆる草の庵である。よって海人の草庵、粗末な住居を意味する。天草は、海辺の海人の苫屋《とまや》の集落が多かったからであろう。

二つは、原始日本語説である。アマは、天・雨を意味せず、崖の斜面に沿った部落とする。クサは草を意味しない。多く迫《せま》った地形をさす。よって、この狭い土地をアマクサと称したとする。

三つ目は、明治十三年（一八八〇）、下島南部にきた宣教師ボンの記事である。

「この島の名は、天草で、その意味は、天の植物すなわち天国の草です。住民の大部分は、昔の切支丹の子孫です。……」

これはボン神父の願望をこめた語源説である。

頼山陽がみた天草

天草を語るについては、頼山陽は欠かすことができない。彼の漢詩「泊天草洋《あまくさなだにはくす》」にて、天草はとくに著名になったからである。富岡のある苓北町《れいほくちょう》では、平成七年から、毎年「泊天草洋」全国吟詠大会が開催されているほどである。

文政元年（一八一八）二月十七日、頼山陽は、父、春水の三回忌逮夜《たいや》法要を故郷の広島の竹原で営んだ。三十九歳であった。、竹原での法要を終え三月六日、念願であった西遊の旅に発った。二十二歳であった弟子の後藤松陰（一七九六―一八六四）をひとり伴った。

頼山陽の父、春水は安芸《あき》藩（広島）に仕えた儒者で、かねてから長崎行きの志をもちながらついに果たせぬままに亡くなったのである。山陽は父の素志を継いだ。山陽はこの旅の経過を漢詩につづり、『西遊稿』にまとめている。長崎に着いたのが、同年五月二十三日である。このあと、後藤松陰は母の病気の知らせを受け、美濃へ帰った。

長崎の住まいは旧知の寓居《ぐうきょ》や別荘であった。唐人通詞潁川氏の別荘をかりた時は、下に丸山遊郭が望まれ、かれの旅情を誘ったことであろう。

来客はあとを断たなかった。詩人の市河寛斎《いちかわかんさい》・太田南畝《おおたなんぽ》・朝川善庵《あさかわぜんあん》・武元登登庵《たけもとととあん》・古賀穀《こがこく》堂《どう》・草場佩川《くさばはいせん》らである。

長崎に吉村迂斎《よしむらうさい》という漢詩人がいた。山陽がいつ迂斎の名を知ったかは不明である。迂斎は寛延二年（一七四九）、長州の長崎藩邸御用達吉村利兵衛の長男に生まれた。十七歳で家督を継いだ。自ら長州藩の属吏と称していたから貿易商の事務方であったろう。高階陽《たかしなよう》谷《こく》・高松南陵《たかまつなんりょう》らに師事し、二十歳代に家塾を開いた。漢詩をよくする。文化二年（一八〇五）死去した。よって山陽とは面識はなかった。ちなみに、陽谷は荻生徂徠《おぎうそらい》門下の僧大潮《だいちょう》の弟子である。

山陽は、長崎でおそらく旧知から紹介されて迂斎の詩集をよんだことであろう。そのうち、目を引きつけた詩があった。大村湾の写景詩である。感嘆おくあたわず、山陽はこれを手帖に書きうつし記憶にとどめた。異文があるがその一首を記す。

三十六湾湾接湾
扶桑西尽白雲間
青天万里非無国
一髪晴分呉越山

三十六湾　湾　湾に接す
扶桑《ふそう》（日本）西に尽きる　白雲の間
青天の万里　国無きに非ず
一髪に晴れ分かる　呉越の山

山陽は異国情緒あふれる長崎を堪能し、西洋の風に吹かれた。蘭船《おらんだせん》を見物し、この船で来た蘭人の軍医からナポレオンの話を聞き「仏郎《ふらんす》王歌」まで、作った。長崎に三カ月滞在して、山陽は天草の富岡を目指した。八月二十三日であった。山陽が、同年八月二十八日付で母に出した手紙には、つぎの通り書かれている。

肥後着之義為御知申上度、態と奉申上候。私義、長崎出立之義は、彼地より委細申上候。当月廿三日出立、茂木と申処より熊（隈）本船にのり、風あらく候に付、島原に上り、天気直り申候に付、隈本へ渡、小嶋と申処ニ一宿、翌日城下へ入、即辛嶋へ尋申候。

後に、この手紙が原因となって、山陽の天草入国否認説が出てくる。手紙には、天草のことが出てこないのである。では、実際はどうであったのか。
山陽が、二十三日、茂木を出航して千々石灘へさしかかったことは間違いない。出航してほどなく、船は悪天候に見舞われ、これを避けて島原に上った。山陽は長編の詩を記す。

舟千皺洋《ちじわなだ》を過ぎ、大風浪に遇ひ、殆《ほと》んど覆せんとす。嶼原《しまはら》に上り得て、漁戸《ぎょと》に宿す。此を賦して懲を志す。

船はほうほうの態で、島原半島の西北の千々石村に漂着した。漁戸は天川屋五平宅である。ここで一泊、翌二十四日、山陽は宿料として一幅を書し、宿主に与え辞した。天候は治まり、船はうねりの残る千々石湾へ出た。

坂本箕山《さかもときざん》の『頼山陽大観』によれば、「山陽は千々石村の海岸より舟出して、国崎岬の沖合より早崎海峡を過ぎ、温泉（雲仙）だけを後に見て、天草洋を横切り大矢野島に着いた。此処には渋江龍淵と云う儒者が私塾を開いていると聞いて、早速之を訪れた」とある。

この記事には錯誤がある。大矢野島の前面は有明海である。しかも、大矢野島には渋江氏の私塾はなく、富岡にあったのである。しかも、山陽が茂木から向かった先は富岡であった。長崎で、山陽は父の旧知渋江宇内《しぶえうだい》が富岡で私塾を開いていることを聞き、そこを訊ねる予定であった。

渋江宇内（公正）は肥後隈府《わいふ》（菊池）の儒者である。同家はもともと天地元水神を祀る家であるが、紫陽《しよう》（公豊）（一七一九―一七九二）の代に集玄亭《しゅうげんてい》と称する私塾を開いた。渋江宇内

（一七四二－一八一四）は紫陽の養子である。宇内の長子が龍淵《りゅうえん》（一七七八－一八五二）である。

渋江龍淵は長崎代官で天草を管轄していた高木作右衛門に招聘されて、約三年半（文化十四年九月から文政三年まで）、富岡の下町に学寮を開き、そこの代理に弟の渋江涒灘《とんたん》（一七八八－不明）を置いた。学寮には、代官所元締上野伸右衛門ほか五十名ほどの塾生がいて、うち在住者は三十九人いたそうである（天草郷土史家鶴田文史による）。

頼山陽肖像画（福山誠之館同窓会所蔵）

千々石から富岡までは、茂木から富岡までより遠く、直線距離にして三〇キロを越えている。船は昼頃には富岡に入港したであろう。山陽は直ちに港からほど近い渋江氏の学寮を訊ねた。山陽は素性を明かし申し出た。

「ご主人は、さだめし渋江宇内どののご子息であろう。会って話がしたい」

門人は答えた。

「主人はいま出張中で、二、三日帰りません」

「それは残念なことじゃ。されば、ご主人がかえられたらこれをお渡しくだされ」
山陽は懐から一封の書を取り出し門人に預けた。それは、前夜、千々石の宿で深更まで呻吟して作成した天草灘の詩二通の一首である。

第一詩
睡醒船底響寒潮　睡り醒ます船底　寒潮に響く
天草洋頭夜繋橈《かい》（櫂）　天草洋頭　夜橈を繋ぐ
太白一星光似月　太白《たいはく》（宵の明星）一星　光りて月に似たり
波間照見巨魚躍　波間に照らし見る　巨魚の躍《おど》るを

第二首
眠驚船底響寒潮　眠り驚く船底　寒潮に響く
天草洋中夜繋橈　天草洋中　夜橈《よるかい》を繋ぐ
太白一星光似月　太白《たいはく》一星　光りて月に似たり
波間照見巨魚跳　波間に照らし見る　巨魚の跳《は》ねるを

巷間に膾炙《かいしゃ》し、伝えられる「泊天草洋」の詩は、帰郷後、吉村迂斎の詩を前にして改作された第三詩である。

雲耶山耶呉耶越
水天髣髴《ほうふつ》青一髪
萬里泊舟天草洋
烟横蓬窓日漸没
瞥見大魚波間跳
太白當船明似月

雲か山か呉か越か
水天は髣髴《ぼんやり》として　青き一髪
万里　舟を泊す天草洋
烟《けむり》は蓬窓（船窓）に横たわり　日漸《ようや》く没する
瞥見《べっけん》す　大魚《いるか》の　波間に跳るを
太白　船に当って　明るきこと月に似たり

先に紹介した吉村迂斎との近似は、「青天・水天・万里・一髪・呉・越」の文字に顕著である。では、山陽は天草洋を実見したであろうか。

富岡の伝承では、山陽は泉屋旅館（岡部寅次宅）に泊ったとされる。富岡港のすぐ前の通りにあった。家屋は天保三年（一八三三）の下町の火災で焼失している。その裏手が岡になっていて、その西側が外洋に面した浜辺である。夕刻、山陽はこの浜辺に立って、はるか天草灘を望み、その果て中国の呉や越を幻視したことであろう。海外に雄飛した先達の英貌が忍ばれる。のちに、山陽の師菅茶山《かんちゃざん》は北条霞亭《ほうじょうかてい》の名をかりて、この詩を激賞した。

「北条、子譲、この詩を以て西遊第一と為す」

富岡にある頼山陽詩碑

また、菊池五山《きくちござん》も評した。

「子譲、目高し。余も亦曾取る、詩話中に置き、実に絶唱と為す」

気宇壮大なことは、比を見ない。この一詩をもって、山陽は天草に忘れ難き大詩人となった。これにつき、幕末、明治の詩人小野湖山（一八一四－一九一〇）に逸話がある。

頼山陽の天草洋の詩は天下に伝誦された。湖山の一友人がこれを評していった。

「この詩、妙はすなわち妙なり。はたしてそうか。星学家は、太白、甚だ明らかなるをもって、兵戈《へいか》（戦争）の象《かたち》となす。すなわち、末句は不祥の語たるを免れない。これを憾《うら》むべしとなす」

湖山はこれを聞いて反論した。

「ああ、これこそこの詩の絶妙なる所以《ゆえん》である。なんぞ、天草は昔年、賊徒が邪宗を奉じ、兵戈を用いたところだ。故に頼翁は、隠然として兵象の字を用い、追憶の意を寓したのだ。かつ、この時（文化・文政）に当り、洋夷《ようい》（外国）すでに、禍心《かしん》（来寇侵犯）を包蔵しておる。翁、これを先に知り、愚民のあるいは洋教を信じて、天草の一揆の轍を踏むことを恐れ、暗にこれをもって諫めようとしているのだ。すなわち、その不祥の語を用いる所以は、適《まさ》に不祥を予防する所以《ゆえん》である。すなわち、その絶妙たる所以である」

友人は大いにこれに服した。

山陽がこれほどまでに深く「太白」について思いを托したかどうかはわからない。富岡の地には、唐津藩寺沢氏の時代、天草四郎の一揆軍に攻められ、これに耐え抜いた富岡城があった。しかし、以後破棄されていた。その荒れた城跡に上っておれば、また別の感慨もあったでろう。惜しむらくは、山陽は富岡城に登らなかった。よって登城の詩を残さなかった。憾《うら》みにすべきであろう。

翌二十五日、山陽は富岡から廻航して有明海を北進し、途中左辺の南島原の大江の浜に着岸、そこより島原の乱の戦場原城跡に登った。愁傷おくあたわず、しばし草をかき分けてそぞろに歩き、北に雲仙岳を仰ぎ見た。ついで、島原沖を右徊して熊本の小島に泊り二十六日熊本の辛島塩井を訪問、熊本に宿を取った。

その夜、二詩を詠んだ

富岡城跡。本丸跡は富岡ビジターセンターになっている

船中所見

温山遥面阿蘇山　　温山《おんざん》遥かに阿蘇山に面す
山脈透迤碧玉環　　山脈透迤《いい》として碧玉環《へきぎょくかん》す
滙得海波開一鏡　　海波を滙得《わいとく》して一鏡を開く
相臨自照両烟鬟　　相臨《あいのぞ》み自ら照らす両烟の鬟《かん》

私訳する。

温山（雲仙岳）がはるか阿蘇山に対面している。
山脈はくねくねとして碧玉（青々として清く気高いさま）を環《めぐ》る。
海と波を滙《あつ》めてあたかも一鏡を開いたようだ。
相臨《あいのぞ》みて自ら照らしている、両烟（噴煙）は女人の美しい鬟《まげ》のようだ。

詠懐古跡短歌　　古跡（原城跡）を懐かしみて詠ずる短歌
一岳突出圧大洋　　一岳は突出して大洋を圧す
全国提封皆其腰　　全国の提封《ていふう》皆其に腰す

中有危礁最斗絶
弄兵誰曾拠地潢
弾丸煩挙九節度
両歳飛輓糜餽料
回看一旅取天下
功拙如注異金瓦
折戟沈沙二百年
距堙猶認屯人馬
最憐狐墓圍松楸
父老于今説故侯
崇文未捷遣劉雍
惜禽虎臣胎狗偸

中に危礁有て最も斗絶す
兵を弄《ろう》して誰が曾て地潢《ちこう》に拠る
弾丸を挙げるを煩《はん》とし九節に度《わた》る
両歳《りようさい》飛輓《ひばん》して餽料《きりよう》を糜《び》す
回看《かいかん》す一旅天下を取る
功拙《こうせつ》注するに金瓦に異なるが如し
戟《げき》を折り沙に沈む二百年
距堙《きよいん》猶認む人馬の屯《たむろ》するを
最も憐れむ狐墓《こぼ》を松楸《しようしゆう》の圍《かこ》むを
父老《ふろう》今に故侯《こう》を説く
崇文《すうぶん》未だ捷《か》たず劉雍《りゆうよう》を遣わす
惜しむらくは虎臣《こしん》の禽《とりこ》とし狗偸《くちゆう》を胎《たい》す

私釈する
一岳（雲仙岳）は突出して大洋（天草灘）を圧している。
全国の諸侯は皆その腰（山腰）にある。
中に危礁（切り立った崖・原城）があって最も途絶している。

兵を弄《も》ってこの池潢（ため池）に拠するは誰ぞ（天草四郎である）。
弾丸は挙がること煩《わずら》わしく九節（二十四節気のひとつ）に度《わた》る。
両歳（二年間）飛び輓《ひく》ように餽料（食料）は糜《ただ》れてしまった。
回《かえ》り看《み》れば、一旅《りょ》（一揆の軍勢）して天下を取った。
その功拙は注（力）するも金瓦（成果）に異なったものだ。
戟《ほこ》を折り沙《すな》に沈めること二百年
距堙（大きな窪地）になおも人馬が屯《たむろ》するを認める。
最も憐れむ狐墓（四郎の墓か）松や楸《ひさぎ》に囲まれてあるを。
父老は今において故侯（熟達した列侯）に説うた。
崇文（役所・幕府）は未だ捷《か》たざるによって劉雍を派遣した。
惜しむらくは虎臣（一揆軍の勇将）を捕らえるも狗偸《とうちゅう》（盗偸・こそ泥棒）を貽《はら》むを。

詩文の中の劉雍は、唐の人で官名は中書令（宰相の役割を担う長官）である。王承宗の叛に承宗を討ってその城を落とした功があった。当詩の場合、島原の乱で後詰の大将として参戦した松平伊豆守信綱が劉雍に擬せられた。

なお捕らえた虎臣は、唯一人乱で生き残った絵師兼武将山田右衛門作であろう。右衛門作は、戦後松平氏によって江戸へ連行され切支丹目明かしとなった。

鹿児島では苗代川の薩摩焼窯元に行き、豊後では田能村竹田《たのうむらちくでん》、日田では広瀬淡窓《ひろせたんそう》に会い、耶馬渓を探勝して、広島へ帰ったのは翌年二月のことである。

天草五人衆

天正年間（一五七三―一五九二）、天草は志岐・天草・上津浦《こうずうら》・栖本《すもと》・大矢野の五氏に分割統治されていた。その以前は宮地・久玉・長島の三氏を加えて、八人衆と称された。のちにこの三氏は没落して五人衆となった。

志岐氏

最初に歴史に登場するのは、志岐氏である。

文治元年（一一八五）、平氏が壇ノ浦合戦で滅ぼされ、ついで源頼朝が治安維持の名目で、国毎に守護、公領、荘園に地頭をおくことを許され、建久三年（一一九二）、征夷大将軍に任じられた。鎌倉幕府の始まりである。

元久二年（一二〇五）、相良長頼が肥後国球磨郡人吉庄の地頭職に任命された。同じく同年、藤原（志岐）光弘が肥後国天草郡内六カ浦の地頭職に補任された。ついで建歴二年（一二一二）、改めて同六カ浦の地頭職に補任された。同六カ浦は、佐伊津澤張《さいつさわはり》・鬼池《おにいけ》・蒲牟田《かまむた》（以上は御領）・大浦《おおうら》（坂瀬川）・須志浦《すしうら》（二江）・志木浦《しきうら》（志岐・都呂々・上津深江・下津深江）である。天草の下島の北部一帯である。その後、志岐氏は得宗（幕府執権の北条氏二代北条義時）に志岐浦を寄進して、その代官職を勤めた。幕府との関係を緊密にし、それによって、天草郡内に勢力を拡張していくためである。

志岐氏の祖は肥後国の菊池氏の出である。

菊池氏は藤原北家大宰権帥隆家《ごんのそつたかいえ》の郎党であった府官藤原蔵規《まさのり》（政則）を祖とする。政則の子則隆《のりたか》、その子経隆《つねたか》（菊池兵藤）の代に延久二年（一〇七〇）、肥後国の菊池に下向して荘官となった。経隆の五男経政《つねまさ》が山鹿大夫を名のり、その三代目弘家《ひろいえ》が志岐を名のった。この頃に天草の志岐に定住したのであろう。

弘家から三代目兵藤左衛門光弘《みつひろ》が建暦三年（一二一三）地頭職を得た。管轄の六カ浦は変わらず、その子家弘《いえひろ》が継いだ時も変わらなかった。以下、景光《かげみつ》—隆弘《たかひろ》と相続する。隆弘は山鹿兵藤太郎を名のり、北朝方に属したが、のちに南朝方に与した。

貞永二年（一二三三）、先に鎌倉幕府からの天草郡の本砥島の地頭に任じられていた天草馬太郎入道種有《たねあり》は、地頭職を長女の大蔵太子播磨局に譲った。鎌倉時代には女子にも相続権があり、それを惣領制度といった。

譲状案はつぎの通りである。

二女おくまに対して大江《おほえ》村、長男又太郎（秀種《ひでたね》）に対しては、かちやま（本砥の梶山）、同じく新開き高浜・平浦・産島《うぶしま》、側室とその子二男駒王（種資《たねすけ》）に対しては河内浦をそれぞれ分譲し、その余の本砥島の全ては嫡子の播磨局に譲り渡した。

ちなみに長男の又太郎がのちに大宮地・小宮地・宮地浦を領有した宮地氏の祖であろう。

播磨局は父の菩提を弔うべく領内の亀川の地に来迎寺を建立、亀川領を寺に寄進した。また、宮地浦の塩屋（塩田）一宇（軒）を仏聖料として与えた。

乾元二年（一三〇三）、志岐景光は嫡子景弘へ所領を譲り渡した。天草六カ浦の内、志岐四浦と佐伊津澤張、鬼池、蒲牟田で佐伊津浦だけは三郎安弘に譲った。

この譲り状には嘉永三年（一三〇五）相模守の裏書がなされた。

「この状に任せ、領掌されるべし、依って仰せの下知件の如し」

ちなみに、相模守は、鎌倉幕府第八代執権北条時宗である。これより先、永仁六年（一二九八）、志岐景光は相模国に屋敷を拝領せしめるの安堵御下文を受けているから、その威勢の大きさが偲ばれる。

景光は後妻として、天草氏から当主尼の妙性《みようしよう》を娶った。

妙性は自分の資産を景光の子景弘に譲った。譲渡資産は自分の召使い浮免の百姓、木場の者の他、大多尾・深海塩屋（宮地浦）・船田浦の地所などであった。

正和二年（一三一三）、志岐景弘は本砥島の地頭職兼務を命じられた。ここに天草島における志岐・宮地両氏の対立の構図ができあがった。

元徳元年（一三二九）、志岐景弘の代（官）覚心は宮地村地頭・仏意に対する訴状を鎮西探題に呈した。

仏意が地頭播磨局の文応元年の置文（後々のために自己の意志を表明しておく文書）に違っているので、本砥の宮地浦を惣領の景弘にさし戻されることを請うものであった。

一方、仏意は、景弘が本砥村・亀河村等を掠めとったとして、元徳二年（一三三二）反訴した。その理由は、宮地浦塩屋は天草種則（仏意の父）・仏意二代の知行で六十年も経過している。もともとは地頭職播磨局の手を持って来迎寺の住職をまかされた甥の明心、その子正戒、さらに種光の三代が文応（一三一九）以来、塩屋ほかを長く相続、そのあと、種則・仏意が住居していたものであるとする。

日時不詳であるが、鎮西探題は裁可した。

「鎮西御下知を通ず、本砥島半分の地頭職の事、同人（景弘）所給」

仏意に御咎めはなかった。文中「本砥島半分の地頭職」というところに含意がある。あとの半分は志岐氏外の人物ということになる。仏意の塩屋は安堵された模様である。現在の大多尾に塩屋浦がある。仏意の塩屋はここであったろう。

建武四年（一三三七）五月三日、北朝方の九州探題一色道猷《いっしきどうゆう》（範氏《のりうじ》）は志岐隆弘へ、本砥島並びに亀河の地頭職を与えようとした。南朝方の河内浦大夫三郎入道は一族ともどもこれに反抗し、城郭に立て籠もり敵対した。

以下は建武四年六月二十九日、藤原範綱より御奉行所宛の請け文である。原文は漢文である。

山鹿兵藤太郎高弘（隆弘、景弘の曾孫）に申す、肥後国天草郡本砥・亀河の地頭職の事、去る二月十四日、御教書謹んで拝見仕まつり候畢《おわる》、そもそも仰せ下され候の旨に任され、豊福彦五郎相共に、今月九日彼処を莅《つかさど》り、高弘へ沙汰付けられんと欲する処、河内浦大夫三郎入道、同一族以下与力等、大勢城郭（河内浦城）に盾籠もり、使者に火をかけ自らも放火に及び、善悪に付、叙用（官位を授け登用する事）べからずと之を申し、避退せじ向の間、打ち渡しに及ばず候、若し此条偽り申し候者、八幡大幷御罰罷り蒙るべく候、以て此旨御披露有るべく候、恐惶謹言。

として、三郎入道が兵をもって火を放ったことが記されている

しかし、翌暦応元年（一三三八）、志岐隆弘は、志岐浦四浦の地頭職を獲得した。

歴応二年（一三三九）沙弥某（一色道猷）の宇都宮中務丞宛の書状に志岐氏の記載がある。原文は漢文である。

山鹿兵藤太郎（志岐）隆弘に申す、肥後国天草郡六箇浦内志岐四浦地頭職の事、重訴の状具に此の如く書す。先度施行の処、使節を為すも沙汰無し云〻、所詮、川尻七郎左衛門尉相共に彼の処に莅る。先度の状に任せ、押妨の輩を退け、隆弘代に当所を沙汰し付ける、執進請け取るべし、将又使節緩怠（氣ゆるみ、怠る）せしむれば、其咎に処されるべくの状、依って仰せ執達件の如し。


ついで、貞和五年（一三四九）十二月十九日、足利直冬《ただふゆ》は、志岐隆弘へ安堵状を交付した。直冬は南朝方である。

すなわち、貞和五年正月、長門探題に任ぜられた直冬は、高師直《こうのもろなお》に追われ肥前に逃れ、筑前の小弐頼尚に支援されて再起を遂げていた。九州探題に反するものである。同年九月十六日、直冬は志岐兵藤太郎（隆弘）へ参向を命じた。

「京都自り仰せられるの旨あるに依って、下向せしむる所なり、早々に馳せ参じ、事の子細を承り、その旨を存じられるべくの状件の如し」

直冬は南朝への合力を求めたのであろう。その結果が、志岐氏への安堵状になったのであろう。この時節、北朝側は、小代・詫磨・河尻・相良の諸氏、南朝側は、菊池・阿蘇・名和の諸氏である。

安堵状は次のとおりである。

山鹿兵藤太郎隆弘に申す、肥後国天草郡内志岐四浦幷本砥・亀河・佐伊津澤張・鬼池・蒲牟田等地頭職の事、知行相違有るべからずの状件の如し。

貞和六年（一三五〇）二月足利直冬は志岐隆弘へ戦功状を発した。

馳せ参ずるの条、尤も神妙なり弥抽きんべく戦功の状件の如し。

天草氏

河内浦大夫三郎は天草大夫資種であろう。天草氏は大蔵氏の後裔である。

大蔵氏は中国後漢の献帝の子孫、孝霊帝の孫阿智王が国難を避けて日本に亡命、播磨の明石の浦に上陸し同国大蔵の谷に居住した。朝廷に仕えて大蔵（国庫の管理・収納）の職務を勤めて大蔵忌寸《いみき》を名のった。大蔵は居住地に因んだものか、職掌名によって賜ったものか、二説がある。忌寸は使主《おみ》、吉士《きし》とともに帰化人に多い姓である。延暦四年（七八五）六月、大蔵忌寸を改めて、宿禰《すくね》の姓《かばね》を賜った。宿禰は臣《おみ》、連《むらじ》、造《みやつこ》とともに中央貴族に多い姓である。
大蔵春実の代「藤原純友の乱」制圧のため、天慶三年（九四〇）に九州へ下向。これに成功した功績により征西将軍として三前二島（筑前・肥前・豊前と壱岐・対馬島）を管領した。春実の孫種光《たねみつ》（太宰大貫主）、その子種材《たねき》と続き、寛仁三年（一〇一九）、「刀伊《とい》賊の来寇」に功あって、種材は大宰大監《だざいだいげん》に任じられた。以後、大宰少監種弘《たねひろ》、大宰権大監種資《たねすけ》と要職を歴任、種資の六男種綱《たねつな》の三男右馬充種貞《たねさだ》、その子右馬太郎種有《たねあり》の代になって、はじめて天草の歴史に登場する。

　種有は前述の通り本砥島の地頭であった。二男二女があった。長男種秀《たねひで》、二男種資《たねすけ》、長女播《はり》磨局《まつぼね》と二女（をくくま）である。長男種秀に高浜・平浦・産島《うぶしま》を、二男種資（四郎兵衛尉）に河内浦を、二女おくくまに大江村を、長女播磨局を嫡子として、本砥島の地頭職を譲渡した。貞永二年（一二三三）のことである。

　その後、種資の子種益が播磨局の養子となり、本砥島の地頭職を譲られた。種益は弘安の役（一二八一）に出陣し、軍功があって、のちに天草大夫に任じられた。勢力範囲は天草（本砥）・亀川・河内浦・島子などであろう。

　種益の子が種胤《たねかず》（本砥大夫）、その子資種が先に志岐隆弘と戦った河内浦大夫三郎である。資種はこの時、河内浦を相伝しているので、その余の本砥・亀川は志岐氏の領するところであったろう。資種の三男種世の代に本砥・亀川・河内浦・大江・長島を相伝した。よって来迎寺も復興されたであろう。

また、種資の二男浄覚は亀川を相伝し、その子種光（四郎兵衛尉）は亀川を号した。種資の三男種秀《たねひで》は長島を相伝し、その子頼種は長島弥六《やろく》を名のった。天草郡長島（現在は鹿児島県長島町）の領主となったのであろう。長島氏の祖である。

大矢野氏

天草種資の三代前の種綱の妻は、菊池経長《つねなが》（天草兵藤大夫）の女で、種綱の嫡男は種永《たねなが》（安永太郎大夫）で、その子種能《たねよし》は大矢野十郎と号して、大矢野島の地頭であったようである。大矢野氏の祖である。しかし、これには異説がある。

遠祖が大蔵氏であることに相違はない。中興の祖を大蔵春実とし、ついで種光―種材―種弘―種資とここまでは変わらない。天草氏は次ぎに種綱―種貞―種有とつづくが、大矢野氏では種生―種直（原田氏）―種清とつづき、種清に三人の息子、種保、種村、種秋がいたとする。「柿原（花園）大矢野系」である。

一方、種綱―種永―種能の系図では、種能（大矢野十郎）のつぎは空白で種清の系図につながらない。

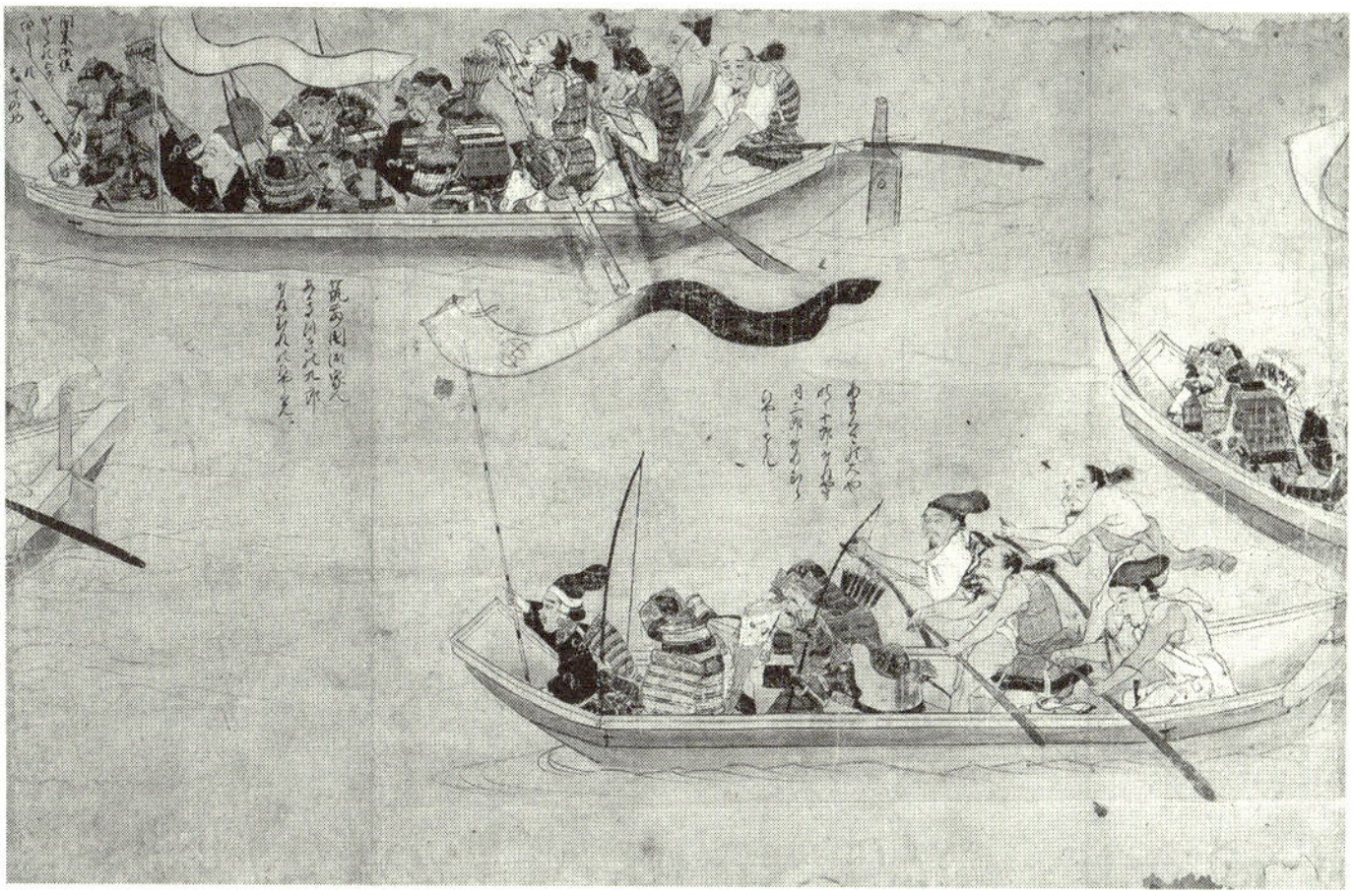

『蒙古襲来絵詞』「絵十四」後巻、第十六紙（宮内庁三の丸尚蔵館所蔵）

要は大矢野島に最初に住居したのが誰かといえば、種能（大矢野十郎）と種清二人が該当するが、いずれとも決しがたい。

その大矢野の三兄弟が弘安の役に登場するのである。

弘安四年（一二八一）、元、高麗、南宋の軍勢約十四万、船四千四百余艘が筑前博多を再攻した。これを描いた『蒙古襲来絵詞《えことば》』がある。肥後の御家人竹崎季長《たけざきすえなが》が自分の恩賞を得た証拠として自分の戦い振りを描かせたものである。この絵の十四と十六の巻に大矢野種保らが描かれている（後世に書き加えられたとする説もある）。絵の十四には、船三艘があり、うち一艘に「天草の大矢野十郎種保、同三郎種村兵船」とある。（本文は漢字混じりのひらがな書きである）。絵の十六には、敵船に乗り込んだ竹崎季長が軍船のみさきで蒙古兵の首に刃をあて、まさに欠き切ろうとしている。

軍船の後部に三人の日本の武士が描かれ、二人が刀を振りかざし、あとの一人は長刀を構えている。その上にただし書きがある。「大矢野兄弟三人　種保」とある。種保が率いた軍勢は、三兄弟のほかは、若党と四人の水夫のわずか七人のようで弱体である。大矢野に居住してなお日浅く、大矢野氏の基盤は不十分であったのであろう。

この時の軍功により、大矢野三兄弟は将軍家（惟康《これやす》）から御教書を与えられた。これは恩賞ではない。褒められたのであろう。

『柿原大矢野家家書』には種清と種保について、つぎの記録がある。

種清　　従五位上太郎大夫　　式部少輔
　兵衛正
文治元年（一一八五）七月　鎌倉禁獄、建久八年（一一九七）赦免され帰国す　天草郡大矢野に築城し、因て大矢野の家号を為す　代々居城
後嵯峨院寛元三年（一二四五）三月卒
種保
　亀山院文永十一年（一二七四）十一月　蒙古対島を寇す　種保・種村・種秋其属を率い之を撃つ軍功有り
　後宇多天皇弘安四年（一二八一）五月二十一日　蒙古大阿刺罕・范文虎及び斥都洪・茶

『蒙古襲来絵詞』「絵十六」後巻、第二十六紙（宮内庁三の丸尚蔵館所蔵）

丘等を率い十余萬の兵九州に来攻、
種保・種村・種秋防戦し、博多にて大いに軍功有り
征夷大将軍惟康親王褒の為に御教書を賜る
後二条院徳治元年（一三〇六）十二月八日卒

ちなみに、竹崎季長は肥後国下益城郡豊福荘竹崎の生まれで、この時二十九歳「無足の身」であったそうで、参戦した郎等《ろうとう》は八人の小人数であった。したがって、御家再興の思いが強かった。そのためには恩賞が必要である。しかし、総司令官の少弐経資の恩賞申請から洩れたのである。季長は鎌倉へ出訴し、苦労の末、恩賞奉行安達泰盛（兼肥後国守護職）に直訴し、ついに海東郡地頭職を得た。

『蒙古襲来絵詞』は永仁元年（一二九三）に作成された。作数は少なくとも二巻であった。一巻は地元の甲佐神社に奉納され、あとの一巻は家蔵された。それ以外にも存在するものは写本であろう。

菊池氏の盛衰

菊池氏の隆盛

元弘三年（一三三三）、鎌倉幕府（北条氏支配）は滅亡した。この六月、後醍醐天皇は京都へ帰り、建武政権が成立した。倒幕の論功行賞にあたり、楠 正成《くすのきまさしげ》は討ち死にした菊池武時《たけとき》を軍忠第一なると推し、その嫡子武重《たけしげ》に肥後守、その弟武敏《たけとし》に掃部頭《かもんのかみ》、同武茂《たけしげ》に対馬守、同武澄《たけすみ》に肥前守を補任せしめた。

天皇親政のもと、新たな秩序を目論んだ新政権は、権力に群がる成りあがり者の嬌慢《きようまん》と武士勢力の実態を無視した新政策により、たちまち天下の支持を失った。

建武二年（一三三五）秋、北条氏の残党北条時行を破った足利尊氏は、鎌倉に押し入り、弟直義とともに叛旗をひるがえした。天皇に供奉《ぐぶ》していた菊池武重は弟武吉とともに、追討の新田義貞の軍に属し、鎌倉に向かった。

箱根の竹之下の戦いで、菊池軍は槍ぶすまの戦法で奮闘するも新田軍は敗退した。建武三年（一三三六）正月十日、後醍醐天皇は足利軍から京都を追われ、比叡山に匿《かくま》われた。しかし、足利軍は奥州から駆けつけた北畠顕家の加勢で勢いを得た新田軍に京都東山にて破れ、尊氏は丹波・播磨・兵庫を経て、二月二十二日九州へ下向。同月二十九日筑前芦屋津に上陸した。

下向に先立ち、尊氏は後深草天皇系の持明院統である光厳上皇に連絡をとり院宣を得た。「天下を君と君の御争に成て合戦を致」との大義名分を頂戴したのである。ちなみに、後醍醐天皇は亀山天皇系の大覚寺統である。相反する立場にある。

菊池氏の留守を守っていた菊池武敏《たけとし》は、尊氏側の少弐頼尚《よりひさ》と戦い、これを追って筑紫から大宰府に進出。二月二十九日、有智山城にて頼尚の父少弐貞経を敗死せしめ、博多に入った。

一方、尊氏は大宰府を目指した。両者は名島と箱崎の間を流れる多々良川の浜辺で対戦した。多勢の菊池軍であったが、尊氏に寝返る松浦資《たすく》ら九州の諸侯の加勢により大敗し、武敏は肥後に逃げ帰った。

もともと尊氏は、九州下向の前から少弐貞経《さだつね》・頼尚《よりなお》、大友貞載《さだのり》・氏泰《うじやす》らおもだった九州の武士を組織しており、一旦戦況が尊氏に傾くと、これに靡《なび》くものが続出したのであろう。

四月三日、尊氏は少弐頼尚、大友氏泰らを率い東上した。あとには、一族の一色道猷範氏を将として残した。

摂津の国湊川で新田義貞、楠正成らの軍勢を破ったが、後醍醐天皇は再び比叡山に行幸、ついで吉野に遷都し北畠親房らに守られた。

尊氏は京都で持明院統を迎え光明天皇を立てた。南北朝の対立が始まった。尊氏は北朝から征夷大将軍に任じられ、京都の室町に幕府を開き、弟直義を室町幕府将軍（通称副将軍）任じ、一色範氏を九州探題に、少弐頼尚を筑前・豊前・肥後の守護に任じた。

肥後では、菊池氏・阿蘇惟時《これとき》・阿蘇氏の一族恵良惟澄《えらこれすみ》・名和《なわし》氏らが南朝に組みした。一方、北朝には小代・詫磨・川尻・相良の諸氏が従った。

延元三年（一三三八）、後醍醐天皇は南朝方の勢力挽回のため、伊予の国にいた懐良親王を九州へ派遣した。親王、時に八歳である。供奉するのは五条頼元である。

親王は興国三年（一三四二）、薩摩谷山に上陸した。目標は肥後である。菊地武士《たけひと》の協力を得て、翌五年、筑後にて一色軍と戦うも敗れ、菊池の支城深川城も北朝側の大友氏泰・合志幸隆らに包囲され陥落した。

貞和三年（一三四七）十月末、親王は谷山を発し、翌年正月二日、宇土津に到着、菊池武士《たけひと》のあとを継いだ武光《たけみつ》に迎えられ、肥後の御船（現熊本県御舟町）で阿蘇惟時《これとき》と惟澄《これずみ》に会い、菊池氏の本拠隈府《わいふ》山城《やまじょう》に入った。武光は将軍を擁し、大宰府進出を企んだ。

一方、足利尊氏と弟直義は、二頭政治と称されるように不仲であった。直義の養子は尊氏の庶子直冬《ただふゆ》である。貞和五年（一三四九）、副将軍直義は直冬を長門探題として備後に下向させた。途中、備後国鞆《とも》の浦《うら》で尊氏の執事高師直《こうのもろなお》に襲われ、肥前に逃れた。直冬は、九月、川尻《かわじり》幸俊《ゆきとし》に迎えられ、肥後の川尻（現熊本県熊本市）に入った。直冬は幕命による下向と称して軍勢を募った。筑前の少弐頼尚は探題一色範氏と対抗して、直冬に与した。直冬の勢力は急速に増大した。

貞和五年（一三四九）九月十六日、志岐隆弘は足利直冬から参向を求められた。同年十二月十九日には、志岐四カ浦・本砥・亀河・佐伊津澤張・鬼池・蒲牟田の地頭職を安堵された。翌六年十二月七日、隆弘は直冬のもとへの参向を賞された。（これは前に記した）

隈府城の跡に建てられた菊地神社。城郭の遺構などはほとんど残っていない

足利直冬の立場はいかにも微妙なものがある。南朝ではないが、足利尊氏本流と離反しているから北朝でもない。佐殿方と呼ばれ、宮方（南朝）・探題方（北朝）・佐殿方（直冬）の三派鼎立である。

志岐隆弘が足利直冬を正統な北朝と見なしていたかどうかはわからない。この時点で、直冬から志岐四カ浦を安堵され、これを受けたということは、外観上は認めたということであろう。しかし、建武四年（一三三七）に、本砥並びに亀川地頭職を隆弘に認めた一色範氏は、なお大宰府に九州探題として現存していたのである。一地方の少領主としては、時の権勢者になびかざるを得なかったのであろう。でなければ生きていけないからである。

直冬は、観能元年（一三五〇）三月、少弐頼尚らと組み、河尻を発し、十一月大宰府を制圧した。菊池氏は先を越されたのである。

しかし、文和元年（一三五二）、直冬に予期せぬことが起った。二月、養父直義が、不和となった兄尊氏によって毒殺されたのである。直冬は有力な後立てを失い人望は一挙に落ちた。十一月、直冬は止むなく九州から退去せざるを得なかった。

その前年、観能二年、菊池武光は親王を奉じ、筑後に進出。前年将軍宮（南朝）から日向国吏務職、阿蘇本末社頭地頭職を与えられていた惟澄もこれに随行した。九州探題を追われた一色範氏は、味方する大友氏泰も先に破れ、再起を期すも、文和二年（一三五三）、筑前針摺原にて菊池氏に大敗した。文和五年（一三五五）、博多を追われ、十一月、長門から京都へ落ちて行った。

得宗領であった志岐浦は、北条氏の滅亡後、武蔵大和権守が地頭職を得ていたが、一色範氏が、文和元年十月、肥前国松浦党の斑島源次《まだらしまげんじ》に勲功の賞として与えた。範氏没落の過程で、よほど斑島氏に世話になったのであろう。苦し紛れの安堵状である。

これは、直冬による志岐氏に対する志岐浦の安堵を否定するものである。志岐隆弘は菊池氏を頼った。文和二年（一三五三）三月三日、菊池武光に従軍し、肥後国詫磨郡詫磨神蔵荘《かみくらそう》の詫磨城（城主詫磨宗直《むねなお》）を攻撃、ついで同年五月十日、筑前国浦山の要害構築の時、肥前飯盛城（長崎県佐世保市）の攻撃に際し、軍功を立て、同文和二年十月、武光から褒賞された。

この節、上津浦氏は北朝に属していたようである。つまり、一色範氏が延文元年（一三五六）、京都へ帰るのに上津浦左京亮が随行し、同年九月三日、足利義詮から感状を与えられた。

上津浦氏は大蔵氏の後裔とされる。鎌倉時代から南北朝時代にかけて天草上島北部・大浦・須志浦（現有明町）に勢力を張った。系譜をたどれば、大蔵春実の七代の孫原田種直《たねなお》から数代のち、上津浦左京亮、その二代ほどあとに、某（上津浦上総介）の名がある。その後、空白がつづき、種和《たねかず》（上総介）－邦種《くにたね》（上総介）－治種《はるたね》－種教《たねのり》（右衛門大夫）－鎮貞（上総介）－種貞（四郎）－種直と続く。

はじめの上津浦上総介は、至徳元年（一三八四）、犬追物に登場した記録がある。犬追物は犬を追物にし、それを騎射する催事で、二十一尋の縄の輪を円形にした馬場で円周から三十六騎の射手が三手に分かれて円の中央から放された犬を追いかけ蟇目の矢で射って順位を競うものである。これは九州探題が主催したものであろう。その手組の構成が宮内太輔・嶋津修理亮殿・伊東薩摩守・伊東伊豆守・長嶋伊豆守・上津浦上総介・牛屎釆女・佐敷越中守・渋谷近江守・渋谷豊後介の住人である。近国の武将たちである。検見《けみ》は相良近江守（前頼）、喚次（幹事か）は志岐又次郎である。この時、上津浦・長嶋・志岐氏天草在郷のものは、相良氏と不和ではなかったのであろう。
しかし、至徳三年（一三八六）、上津浦若狭入道は相良前頼《さがらさきより》に攻められその支配下に入った。人吉の観音寺観音堂にある鰐口に文安五年（一四四八）上津浦上総介の刻銘がある。読み下し文にて記す。

施入奉る、肥洲天草郡上津浦庄の妙楽寺の薬師如来の御宝前
文安五季戊辰三月日
大施主上総介大蔵朝臣種和並びに万寿丸　敬白

これは戦国時代に相良氏が上津浦から球磨郡に持ち出したといわれる。万寿丸は元服前の息子、妙楽寺は上津浦氏の菩提寺である。

文和三年（一三五四）、菊池武光は一色氏が逃散したあと、征西政府によって肥前・筑前の守護に補任された。しかし、北朝に味方する者の反抗により、菊池の本拠が包囲された。菊池氏に背いたのは大友氏時、少弐頼尚らである。幕府は、菊池氏を攻める大友氏時を肥後守護に補任し、名分を立てた。
延文四年（一三五九）夏、菊池武光は親王を奉じ、武澄・武政・武信・武明ら一族郎党全力

をあげて筑後川南岸に陣を布いた。対する少弐頼尚は筑前・筑後・肥前の武家方をもって北岸に陣を張った。七月十七日、武光の渡河攻撃に頼尚は後退して、大保原（小郡）に陣を立てなおした。八月六日、大激戦の末、菊池氏は勝利した。以後、少弐氏は衰退。北朝方も掃討され、延文六年（一三六一）、大宰府は南朝方に占領された。征西府の確立である。

天草氏の庶流安永次郎大夫種永（大矢野十郎大夫種能の父）は北朝方に与したらしい。貞和六年（一三五〇）十二月十二月七日、重代相伝の所領である天草郡志柿村の田地三反、平六の居屋敷を養子のとらかめ（寅亀か）に譲与した。北朝方の将来に不安を感じてのことであろうか。安永の地名は肥後国益城郡にある。

貞治四年（一三六五）十月二十五日、天草大夫大蔵種国は肥後の広福寺長老大智上人に誓約書を差し上げた。

天草のいもち浦の北頭の仏物の年貢米を種国が預かっている。この米を年四割で出挙（貸付）して、毎年懈怠なく進上している。……また、未進《みしん》して懈怠《けたい》のときは、種国わけまえを、いたすべく、……若し予測できない煩いが出来し、少しでも延滞するときは、種国所領の肥後国天草郡白木河内、同郡いくさ（軍）か浦を、一円に長老御方に寄進申す。

（以下略）

広福寺は元徳二年（一三三〇）菊池武時が大智禅師を招聘して建立した寺で、代々菊池氏を外護者とした。天草種国は南朝方、菊池氏の傘下にあったのである。

このほか、天草の公領郷村から初米が阿蘇神社に初穂料として直接進上されていた。菊池氏の采配であろう。

応安三年（一三七〇）九月、三代将軍足利義満（管領細川頼之）は渋川義行に代えて今川了俊（貞世）を九州探題に補任した。翌年三月、了俊は京都を発した。豊前門司に上陸したのが同年十二月である。

折しも、菊池武光は豊後高崎山で、先に七月九州に下った了俊の子息義範軍を包囲していたが、急ぎ大宰府に引き返した。

翌応安五年八月三日、菊池武澄の子息武安が、肥前で了俊の弟仲秋軍に敗れ、今川軍は一気に大宰府を襲った。同月十二日、菊池武光らは征西将軍の宮を奉じて筑後の高良山に逃れた。ここに征西府は崩壊した。同年十一月十六日、武光は戦傷が原因で没した。五十二、三歳であった。

嗣子武政は阿蘇惟武《これたけ》に援《たす》けを求めた。しかし、応安七年（一三七四）五月武政も早逝した。武政の子賀が丸（のちの武朝《たけとも》）を惣領とする菊池軍は、八月三日、筑後福童原（小郡）の戦いに敗れ、高良山を捨て菊池に引きあげた。

菊池氏を追い肥後に入った了俊は、翌永和元年（一三七五）秋、島津氏久、大友親世、少弐冬資に参陣を求めた。参陣を渋った末、これに応じた冬資を了俊は宴席で誘殺した。島津氏久はこれを嫌い帰国、この乱れに乗じ菊池賀が丸は反撃に出、了俊は肥前に退いた。

永和四年（一三七八）秋、北九州を固めた了俊は肥後に入り、菊池打倒を目指した。隈本の藤崎台に陣し、大内義弘、盛見兄弟、大友、少弐、吉川、新納、橘薩摩《たちばなさつま》（肥前武雄長島荘の橘薩摩渋江右馬頭公直か）などの協力を得て菊池の本拠隈府城に相対した。

九月二十九日、菊池武朝は一旦託麻原で勝利するも、今川の大軍にかなわず、翌永徳元年（一三八一）六月二十三日、隈府城は陥落した。武朝と良成（懐良親王の後任）親王は岳の陣を経て、宇土から八代に落ちて行った。

この戦いに天草の大矢野・上津浦・久玉・栖本氏らは菊池氏について、藤崎城にあって呼応し、今川仲秋を攻めた。菊池氏に加担したのである。

ちなみに、栖本氏は菊池氏の一族である。菊池則隆の子小島次郎保隆を祖としている。天草上島の南側、栖本を本拠に勢力を伸ばした。球磨の相良氏と関係が深かった。湯船原城（栖本の南辺）に拠り、この北麓に菩提寺利明寺（創建時天台宗・その後浄土宗）がある。

久玉《くたま》氏は天草氏の一族といわれ、中世、天草の久玉村の久玉城に拠った豪族で、詳細は不明である。領域は久玉・牛深・鬼貫・深海である。久玉氏の城館は城に隣接してあった。現在の無量寺境内である。

至徳三年（一三八六）、今川了俊は川尻・宇土を攻略、明徳二年（一三九一）八月、八代の宮地原の戦いで破れた良成親王、名和《なわ》顕興《あきおき》は八代城を明け渡し、講和した。肥後における南朝方は、これで事実上崩壊した。

ちなみに、名和氏は伯耆国（島根県）名和荘の豪族で元寇の変で後醍醐天皇への忠誠が認められ、十三代義高が肥後国八代郡を賜った。十四代顕興が正平十三年（一三五八）、菊地武光を頼って八代に下向、芦北二郡・益城の一部を領有、八代城に拠っていた。

相良氏の台頭

明徳三年（一三九二）十月、三代将軍足利義満の呼びかけに南朝の後亀山天皇が応じ、南北朝は合体した。五十年余続いた争乱の終結である。後亀山天皇は京都へ帰り、北朝の後小松天皇に神器を譲った。足利義満は太政大臣となった。室町幕府の成立である。

一方、肥後では、南朝方である菊池氏はなお命脈を保っていた。

同年二月九日、征西将軍左中将（少弐頼澄か）は、阿蘇大宮司（惟政）に九州での南朝再興を呼び掛けた。

征西将軍宮良成親王のもとで、九州再興のため挙兵を促し、豊後・日向両国の守護職並びに肥後国の八代荘・川尻一跡・御船一跡・海東一跡並びに豊田庄の知行を認める令旨《りょうじ》（親王の命を伝える文書）を遣わした。

これらの南朝方の動きに対し、了俊は厳しく対処しなかった。肥後の菊池武朝《たけとも》を肥後の守護代に温存し、九州探題を肥後に限り分国化しようとした。守護は了俊の子貞臣である。これは、了俊の北朝に対する越権行為である。彼には北朝をないがしろにする野望があったのであろう。対明貿易に地の利を得ていた九州で、独立することを考えたにちがいない。

ちなみに、応安七年（一三七四）、了俊は阿蘇大宮司惟村宛の書状でいっている。

肥後国事、先年守護御拝領候しかとも、今多九州の国々守護人とも多分あらためられ候の間当国事も探題の分国になされて候て……

こうした了俊の動きは幕府の探知するところとなった。応永二年（一三九五）、了俊は改易され、渋川満頼が代わって九州探題となり、翌年博多に入った。

菊池武朝ら旧南朝方は、新探題を容認せず、筑前・肥前に出兵し、反抗した。足利義持は大内義弘を遣わし、これを制圧した。

応永六年（一三九九）三月十四日、菊池武朝《たけとも》は志岐山城守（知遠《ともとう》もしくは高遠《たかとう》）に所領の安堵状を発した。

肥後国天草郡本戸の事、先の知行の旨に任せ、領掌相違有るべからず候、仍て執達件の如し

一方、渋川探題は同年三月五日、代官戸賀崎右馬助氏範《とがさきうめのすけうじのり》をして、鳥羽左京《とばさきょう》・宮河中務丞《みやかわなかつかさのじょう》へ肥後の状況を報告させた。

肥後国六ケ庄内志那子・桑原・安永三ケ村、鹿子木庄内の小河伊豆三郎跡、並びに成吉名の波多村、菊池郡内巻河の加江村、天草郡内嶋子・志加木両村等の事、彼の所に莅《のぞ》み、去年十月十三日御教書の旨に任せ、託磨別当代官へ下地を打ち渡すべくの状、件の如し。

嶋子と志加木両村は隣村である。もともと、この志加木（志柿）村は志加木太郎が領有していたが、応安三年（一三七〇）九月に足利義詮によって詫磨太郎左衛門尉貞宗に与えられた。また同年同月、嶋子村は多比良木工助通時が領する三分の一を除いて、三分の二が詫磨別当太郎氏直に与えられ、同年八月に、詫磨五郎親氏に安堵されていたものである。ちなみに多比良氏は、肥前国高来郡の人であろう。

この嶋子については、至徳三年（一三八六）十月十一日、今川了俊の令書がある。

詫磨の別当親氏申す、肥後国天草郡嶋子村の事、闕所の地に相違なく候は、御下文の文旨に任せ、親氏に下地に沙汰付されるべく候。

嶋子村が闕所地《けつしょち》なので、子細があれば、糾明の上申し出るようにいっている。この地は天草氏と上津浦氏の争いの場であった。よって領有権のはっきりしないままに闕所としていたものである。闕所は幕府に没収され、新領主の定まらない領地のことである。

翌至徳四年（一三八七）五月十日、九州探題散位某の狭間《はざま》塩売《しおうり》（大友家支族）に与えた書き下文はいう。散位《さんに》は位だけあって官職のない者の呼称である。

詫磨別当の五郎親氏は申す、天草郡嶋子村の事、京都御下文を帯し拝領の処、天草三郎種世、近季押妨云々、事実は、太だ然るべからず、早く本知行の旨に任せ、種世の異乱を止め、親氏代に沙汰付よ。

天草氏にとって嶋子村は地元であり、他所者の詫磨氏に渡すことなど我慢がならなかったのである。

詫磨氏は、豊後国守護大友直能の二男能秀を祖として、肥後国鹿子木《かのこぎ》東荘（植木付近）・神蔵荘（熊本市南部）の地頭として勢力を張ってきたものである。

志岐氏に安堵された本砥と嶋子村は、本砥の瀬戸を隔てて対岸に位置する。のちに、天草種世は、本砥・亀川・河内浦・大江・嶋子を相伝しているので、詫磨氏に対しても、また志岐氏に対しても、勝利したようである。

永享二年（一四三〇）十二月九日、大友中務大輔持直は、豊後国東国東郡冨来の領主冨来《とみく》彦三郎に天草の長嶋の半分の土地を、父親宝順の相続の旨に任せ領掌することを認めた。何らかの事情で大友氏の傘下にあった冨来氏に所領させていたのであろう。大友氏の天草への覇権が及んでいたことの証である。あとの半分は長嶋氏の所領であろう。

寛政六年（一四六五）、相良長続《ながつぐ》は八代領主名和伯耆守顕忠から八代郡高田郷三五〇町を譲られた。これは、顕忠が幼少の時、一族の内紛に際し八代の地を追われ、内河式部少輔とともに相良氏を頼った。相良長続の援助があって無事八代に復帰した。その礼に相良長続に贈ったものである。

文明七年（一四七五）、薩摩の島津氏に内訌が起こった。相良《さがら》為続《ためつぐ》は薩摩宗家忠昌《ただまさ》に叛旗を翻した島津国久《くにひさ》と結び、忠昌に攻められていた菱刈氏重を支援した。国久は島津の分家、薩州家二代目で、忠昌と対立したのである。同年、日向の真幸院の北原氏も為続に協調し、牛河原の戦いで勝利し牛山城を攻略した。その後、為続は島津氏から牛屎院《うしくそいん》を与えられ、永留式部大輔を牛山城に留めた。

文明八年（一四七六）九月二日、相良氏が牛山川原（薩摩）の合戦に出動した留守を狙って、名和《なわ》顕忠《あきただ》は高田郷を取り返さんと挙兵し、占拠した。相良為続はこれを討つべく十月一日佐敷に下り、そこで上津浦邦種に参会、天草郡中に応援をもとめた。天草衆の援助を受けて、同年十二月、高田郷は名和氏から奪回された。

文明十五年（一四八三）、牛屎院に出陣した相良為続の間隙を狙って、またも名和顕忠が八代高田郷に侵入した。為続は兵を返し、相良氏の高田城番の懸命の防御もあって、顕忠を押し返した。同十二月、名和氏の本拠八代古麓城を攻めた。この陣には、島津国久の名代祀答院《きとういん》重度・北原昌宅・菱刈氏重の他・天草・志岐・上津浦・栖本の諸氏が派兵した。

落城の後、守護菊池重朝《しげとも》は相良氏の八代支配を許さなかった。為続は一旦、高田へ引きあげ、翌年三月、改めて八代古麓城を攻め落し、名和顕忠を八代から追い出し、城に居直った。菊池氏の許可なしの武力行使である。

同十六年（一四八四）四月二十五日、菊池重朝は上津浦上総介邦種を使者として、相良方の税所式部少輔に書状を送り、事件の解決を伝えた。


先度□筆候、御被見候哉、そもそも慮外の世上、是非なき次第に候、依って八代の事、（相良）為続他家（名和氏）へ申し談ぜられ候、尤もに候、然りと雖も、八代の本主（名和氏）退出の上は、時節到来候の間、今に於いては、当家（菊池氏）へ同心を為し、永く無為に知行候は、自他の為然るべく候の処、如今は、弓矢絶えるべからず候、此趣故実にあるべきの由、上津浦上総介へ申し候、定めて彼の方より意見有るべく候、早々事然るべき様に取りなされ候は、悦喜に申し候、其境に逗留の由承り候の間、此如く申し候、憑《たの》み入り候、恐恐謹言。

上津浦邦種の邦は菊池為邦からの一字拝領といわれるから、菊池氏から重宝されたのであろう。

長享三年（一四八九）二月四日、菊池重朝は志岐次郎右衛門重遠に安堵状を与えた。

志岐治部少輔遠治の家督幷に当知行地の事、相続の旨に任せ、次郎右衛門尉重遠に領掌させ、相違有るべからずの状件の如し。

ちなみに、志岐重遠の重の字は菊池重朝の一字を頂戴したもので、上津浦氏と同様、両者の緊密性がうかがわれる。

菊池氏の凋落

話はやや前後する。

室町幕府の基盤は守護大名に対する統制力を持たず、脆弱であった。将軍家並びに、管領畠山・斯波両家の継嗣問題に端を発し、争いとなって細川（東軍）、山名（西軍）、これに両有力大名の勢力争いとからみあって、天下を二分する大乱となった。応仁元年（一四六七）、応仁の乱の勃発である。

東軍の細川勝元は西軍に属して豊前・筑前に勢力を持っていた大内氏を攪乱《かくらん》するため、相良長続に出兵を要請した。長続は直ちに上洛したが、その折、家督を嫡男為続に譲った。何らかの予感があったのであろう。翌年急逝した。為続は父の遺志をついで上洛した。その後、山名方の大内政広と協力関係を結び、文明二年（一四七〇）和睦し、西軍に属した。

文明五年（一四七三）三月、西軍の山名宗全が死去した。ついで同年五月、細川勝元も死亡した。戦局は次第に鎮静化し、翌六年四月、勝元の子政元と宗全の孫政豊との間に和睦がなり、文明九年（一四七七）、乱は一応終息した。

明応二年（一四九三）、菊池重朝が病死した。嫡子武運（のち能運《よしゆき》）は十二歳である。このため後継者争いが起った。明応七年（一四九八）、家臣隈部上総介直忠が背いた。これに呼応して相良為続《ためつぐ》が加勢した。

明応八年（一四九九）三月、一敗地にまみれた菊池武運は有馬・宇土・名和の諸氏と結び、さらに筑後・豊後大友氏の援軍を受けて挙兵し、相良為続を攻めた。その所領豊福（松橋）・八代その他の諸城を落とし、芦北郡二見・日奈久を下した。

相良為続は最後の砦八代古麓城を攻められ、ここを放棄して球磨へ引きあげた。これを機に天草勢は離反し、薩州氏が水俣に侵攻、日向真幸院の田原氏も造反、孤立無援となった。のち島津氏に割譲を受けていた牛山（大口）を返還し、世子長毎《ながつね》に家督を譲った。

これにより、旧領主和田顕忠《あきただ》が、ようやく八代に帰り芦北・八代の二郡を領することとなった。

天草勢は菊池氏に擦り寄ったのである。

菊池武運は同年十二月十八日、志岐又二郎に加冠状を与えた。

加冠名字の事
藤原武遠（志岐又二郎）
明応八年十二月十八日
肥後守（菊池武運）在判
志岐又二郎殿

同月は志岐又二郎の元服にあたっていた。その請に応じて、お祝いとして菊池武運は藤原の名字を与えたのである。武遠の「武」は武運の一字である。藤原は菊池氏の祖の名字で、両者の縁の深さを強調するものである。

明応九年（一五〇〇）六月四日、相良為続が死去した。享年五十四歳であった。

菊池譜代の家臣隈部氏は、文亀元年（一五〇一）、菊池氏の本拠地である隈府（現菊池市）に攻め込み、守護職武運を追いだした。武運は一族出田刑部少輔親子三人の案内で、高瀬から海行、有明海を渡り、肥前の高来（島原半島）へ落ち延びた。高瀬の西真向かいに海を隔てて大野村の津があった。武運らはその地の豪族大野氏を頼ったことであろう。

武運を追い出した隈部氏は、菊池持朝（武運の曽祖父）の四男で宇土忠豊の養子となっていた為光《ためみつ》を担ぎ出し、三月九日、隈府に迎えて屋形とした。いわゆる武運の守護職を奪ったのである。

一方、相良長毎《ながつね》はこれを御家再興の機会ととらえた。父為続の無念ははらさなければならない。無念とは八代古麓城の放棄である。長毎は高来（島原）の武運に衣類其の他の見舞いを持たせ、使者を出した。これは数回にわたった。そして武運の隈府奪回と相良氏の八代奪回を、両者の合力をもって果さんものと訴え、武運を承服させた。

武運は、明応十年（一五〇一）七月五日、高来から天草衆に宛がい状を発した。ちなみに明応十年は、二月二十九日、文亀に改元したが、このことは武運に届いていなかった。

明応十年辛酉七月五日武運より天草一揆中へ遣わされ候書付壱通入（包紙）
小野・豊福両所の事、各《おのおの》へ之を進め候、御知行然るべく候、手仕え等、当郡の方々申し合わされ、早々に御結構簡《ママ》要に候、恐恐謹言

七月五日　　　　武運（花押）

天草御一揆中

要点は、小野（宇城市小川町）・豊福（宇城市松橋町）を天草衆へ与えるので、手筈は各々申し合わされ、早々に用意されることが肝要である、という事である。

この両地は、かつて菊地武運と相良長毎連合の攻撃にも拘わらず、なお名和顕忠の所領に帰し、豊福城は顕忠の家臣本郷内蔵助が城代として守っていた。したがって、隈府を追われた武運の自由に出来るものではない。つまり、未だ確保出来ていない先手形のようなものである。

宛先の一揆とは、この場合、一味同心ということである。

これを受けて、七月中旬、志岐遠治《とうはる》は自領の蒲牟田に関係者を招集した。覚え書きにいう。


先より（菊池）武運屋形様、小野・豊福両所下され候の御判、御一揆中は書き移し召され候、正文の事は、愚身（遠治自身）が請取る所と申し候、上使は、揚蔵司と申す方にて候、詫磨重房、これも上司と為され、当郡へ御渡海候の刻、愚領の蒲牟田（天草の五和

町）に於いて、御一揆中御参会の時分、此御判到来に候、明応十辛酉年の七月中旬の比、其時の談合に、上津浦殿・宮地殿・天草殿・長嶋殿が御越し候、大矢野よりは名代合津方、栖本よりは名代鏡殿、久玉よりは名代広瀬膳左衛門方。

天草八人衆全員の出席である。この時節、八人衆の間には、さしたる蟠《わだかま》りがなかったのであろう。彼らは談合して、菊池氏への協力に賛同した。しかし、これは表面的で、実際は天草氏と久玉氏は本心を明かさなかったようである。これは、のちに参戦の論功行賞での差として顕在化する。

詫磨重房は肥後託麻郡を本拠にしていた国人で、出自は大友氏である。重の字は菊池重朝の一字拝領であろう。菊池氏に協力することで、かつて奪われた肥後北部の奪還を目論んだのである。

文亀二年（一五〇二）四月五日、菊池武運は隈本城に復帰した。これに先立ち、武運は能運《よしゆき》に改名した。おのれの不運を能《よ》くするためである。

国堺の二、三の衆が馳せ来たって歓迎した。ところが、十日、配下の木山式部少輔が離脱し、木山氏の縁者中条常陸介、その親類らの離反は押しとどめたものの、翌十一日、中条対馬守が心変わりをして落失。これにつられて小山左京亮、立田伊賀守以下七百三十余人も浮足立って、自らの領地へ帰っていき、残るは出田氏親子三人親類二十余人となり、ついに再び高来に落ち延びた。

同月二十四日、武運は相良氏へ事情を報告し、後日の支援を訴えた。


……当（高来）郡へ着岸し候、外聞実の義は、無念の次第、申すに及ばず候、ただしこのままに弓矢（戦い）を閣《とど》むべきにあらず候、即方々へも申し遣わし候……


この時、天草勢は隈本へ復起した。菊地武運のもとへ表敬訪問をしなかった模様である。

文亀三年（一五〇三）九月、菊池氏の旧臣 城《じよう》 重峰《しげみね》・隈部《くまべ》運治《ゆきはる》らが高来に能運を訊ね、再起を促した。能運は有馬氏を含め島原地方の援軍を率いて高瀬に渡り、城・隈部両軍を従え、玉名平野で隈府より出動してきた宇土為光と交戦した。戦いは菊池氏の勝利に帰した。為光は宇土城に後退した。

能運は念願の隈府城復帰を果たし、肥後守護職に返り咲いたのである。十月、能運は相良氏へ礼状を出した。

当国が静謐になったこと、両一揆が忠節を尽くしたこと、隈庄（城南町）が容易に入手できたこと、為光を筑後の立花山城守が留置していることなどである。

両一揆とは天草勢のことである。

翌文亀四年一月、菊池能運は相良長毎の請に応じ、長毎救援のため守山（小川町）に出動、天草勢に檄を発した。阿蘇惟長《これなが》もこれに応じた。

一方、相良長毎は単独で明応九年と同十年の二回、先に相良氏が失った八代麓城の名和顕忠を攻めるも、失敗したことを挽回せんため、文亀三年（一五〇三）八月以来三回目の出動し、八代の萩原に布陣していた。

天草で菊地能運に応じたのは志岐・上津浦・栖本・長嶋・大矢野・本砥・深江・富岡在の者といわれる。このうち、天草八人衆といわれた者のうち天草・久玉・宮地の三氏が参戦していない。この三氏の居処が本砥・深江・富岡に照応すれば分かるが、深江と富岡は志岐氏の所領であろう。本砥は応永六年（一三九九）、菊池武朝から志岐山城守高遠に与えられていた。

翌同四年（一五〇四）二月、形勢不利と見た名和氏は古麓城を明け渡し、木原城から宇土城に移った。長毎は八代・豊福の旧領を回復し同月七日に古麓城に入った。

この直後の二月十五日、菊池能運は高瀬の戦いで受けた傷が原因で急死した。二十三歳であった。能運に子がなかったので、後継者争いが起った。まず菊池氏分家の肥前家の政隆《まさかた》（能運祖父為邦の弟為安の孫政朝）が継いだ。政隆、若干十四歳である。これに家臣団が異論を唱えた。

翌永正二年（一五〇五）、肥後国諸侍八十四人が、「阿蘇惟長《これなが》を推戴する」起請文を阿蘇惟長に差し出し介入した。大友親治・義長がこれを押した。政隆は難を避けて相良領の芦北二見に移動した。

永正三年九月、大友軍は小国境に布陣、十月には隈府近くの木庭に進軍、隈本・隈庄を支配下に置いた。一方、政隆は北小河以下の諸所を相良長毎に委ね、内古閑城（八代の北）に立て籠もり、相良氏に救援を求めた。しかし、大友義長に破れ、山鹿に敗走、同六年、合志郡の安国寺で自害した。

永正四年（一五〇七）、阿蘇惟長は阿蘇大宮司職を弟の惟豊に譲り、自らは「菊池武経《たけつね》」と名のり、菊池氏の本城隈府に移った。しかし、武経も安泰ではなかった。永正八年（一五一一）、隈府を去り矢部へ帰った。武経は肥後守護職となったものの、所詮は大友義長の支援で守護職となったわけで、大友氏の傀儡となることに自暴自棄となり、ついに隈府城を出奔したのである。以後も不遇で、天文八年（一五三七）堅志田城で死去した。五十八歳であった。

武経の跡を襲ったのが武包《たけかね》である。菊池氏の庶流詫磨武安の子で、隈部親氏や長野運貞、内古閑重載等の推戴による。

一方、天草では、永正二年（一五〇五）六月二十七日、志岐重遠が本砥を安堵された。

去年弓矢番の忠節に依り、本砥の事約束候、其旨に任せ之を仰せ出される、弥御忠節然るべく候、恐恐謹言

発信人は良世《ながつぐ》、宛先は志岐治部少輔である。良世とは誰であるか分からない。時代背景から

言えば、大友氏であろう。

去年の弓矢番とは武運の生存中のことで、恐らくは武運の隈府復帰への志岐氏の貢献に応えた本砥安堵であろう。

同じく、同永正二年乙丑に本砥と嶋子の所領について、申次人某より安堵状が交布された。


天草大夫跡の内、本砥・嶋子の事、志岐・上津浦へ去年御約束候、然れば愁訴の旨に任せ、先ず以て嶋子村の事、上津浦上総介へ仰せ出され候、自然三郎丸難渋の時は、異見然るべき由、上意に候、恐恐謹言、

本砥は志岐氏へ、嶋子は上津浦氏へ宛がうといっている。これは相良氏の支援である。

宛先は宮地三郎次郎、長嶋兵ア（衛）少輔、栖本右京亮、大矢野十郎太郎の四人である。この四人が、この安堵状の立会人であった。この席にいない者が二人いる。天草氏と久玉氏である。

「天草大夫跡」の意は、本砥を領していた天草氏の跡という意味である。であれば、本砥を疎外された天草氏が出席しないのは当然である。久玉氏は天草氏との誼《よしみ》で同調したのであろう。よって、天草氏は河内浦へ退去せざるを得なかった。

愁訴とは、約束の実施がおくれたために、志岐氏側が実行を迫ったのであろう。文中の宮地

三郎次郎は異見を述べなかった。宮地氏は本砥に近く、かつては本砥の塩屋を志岐氏と争った仲であった。

永正四年（一五〇七）志岐重遠は、肥後国益城郡砥河八十町を新たに宛がわれた。その礼状はいう。

御書畏れながら頂戴仕まつり候、そもそも代々忠節に就くの儀、御忘却無く、砥河八十町の事、御扶持の通り、御懇ろに仰せ下され候、外聞と申し、忝く存じ候、此旨然るべき様に取り合わせ、御披露憑み奉り候、恐惶謹言、

十月廿三日　　重遠

赤星駿河守殿

赤星駿河守は菊池氏の重臣であろう。

さらに、志岐氏は菊池武包から肥後益城郡などに新地を宛がわれた。

守富の内三十町・同所大町十二町・松山（宇土郡）の内十町・詫磨の内笛田十町・守富榎木津の村三十八町のこと、恩の為補充行う所也、先例の任せ、執務有るべきの状件の如し、

永正十七年
九月三十日
志岐弾正少輔（遠弘）殿
藤原（菊池）武包（花押）

菊池武包は弧弱にして昏愚《こんぐ》の癖があって、家臣らの受けがよくなかった。また大友氏からの独立の動きをしたことから大友氏の惣領大友義鑑によって廃され、同十七年（一五二〇）、隈府を去つた。あとに入ったのが、大友義長の次男で大友義鑑の弟義国《よしくに》である。のち重治《しげはる》と改名した。菊池重治は、同二月二十三日、隈府に至ったが、ここへ安住せず、二十八日、隈本城に入った。本拠を隈本にしたのである。

菊池武包は、大永三年（一五二三）、兵を起こし再起を期したが破れ、肥前高来に有馬氏を頼るも天文元年（一五三二）、高来で死去した。

菊池重治は志岐又次郎へ加冠状を与えている。一通はつぎの通りである。

加冠の名字のこと
藤原重経（志岐又次郎）
大永五年（一五二五）十二月十二日
藤原重治（花押）

二通目はつぎの通りである。

加冠御名字の事、別紙を以て申し候、依って刀一腰之を進め候、祝儀計りに候、恐恐謹言

十二月十二日　重治（花押）

志岐又二郎殿

菊池重治は義武と改名し肥後国守護職を継いだ。
菊池氏の代がかわっても、志岐氏の菊池氏へ対する忠誠心は変わらなかったのである。
加冠は元服して初めて冠をつけることとある。

天草・上島の戦い

相良氏の天草介入

亨禄五年（一五三二）六月十三日、上島の上津浦治種《はるたね》は、天草の連合軍の侵攻を受けた。連合軍は天草尚種《ひさたね》、長嶋但馬守、志岐重経、栖本、大矢野の五氏である。

上津浦治種より応援を求められた相良《さがら》義兹《よししげ》は、同十六日、一番衆を、同二十六日、二番衆を八代から、上津浦へ派遣した。合戦は七月一日に始まった。上津浦家臣ら十八人、それに相良六郎左衛門が殿原《とのはら》の中間で討ち死にした。同九日、天草勢は上津浦城間近に詰め寄った。

相良氏は藤原南家武智麻呂を祖とし、十四代目の惟頼が従四位下に叙任されて、禁裏に侍した。惟頼の子周頼《ちかより》が武家に転じ、本貫遠江国を天永三年（一一一二）を賜り、相良庄に住し、相良氏を名のった。周頼から六代目の長頼が建久三年（一一九八）に肥後人吉庄を賜り、同庄に下向、永住した。義兹は十五代にあたる。

この義茲の時代、相良氏の所領は肥後国南部球磨・八代・芦北の三郡である。南の薩摩国には島津氏、肥後北部には菊池氏、その背後には豊後国大友氏が控えていた。菊池氏に陰りがあるとはいえ、いずれも大身でつけ入ることは容易ではない。

その点、八代湾を介して接する天草は小領主五人衆の連立するところで与しやすかった。相良氏の食指が動いた。

同年七月十一日、相良氏三番立て、同十八日、四番立てと支援、立て続けに支援の人数を増やした。同二十二日、申の刻（午後四時頃）、天草、志岐氏が打ち寄せるも、相良氏の加勢が奏功し、天草勢は敗退した。

同二十五日、相良義茲は球磨から佐敷に下向した。あわせるように、上村長種も佐敷へ下った。長種は球磨上村城主上村頼興の弟で、八代から上津浦へ派兵された援軍の将であったろう。八月四日、上津浦治種は案内に桑原右衛門尉を立て、佐敷に舟航、相良義茲に拝謁、相良氏の合力、援軍の派遣により勝利したことの礼を述べ、ついで事後の支援を仰いだ。同七日、佐敷を立ち、八代へ出、帰還したのは、同二十日であった。

相良義茲は長毎《ながつね》の庶長子である。庶長子とは側室の長子、側室の間に生まれた長男の意である。遠徳元年（一四八九）、人吉城で生まれた。幼名は六郎丸、初名は長為、また長唯《ながただ》、左兵衛尉を称した。父長毎が、永正十五年（一五一四）五月十一日、今出水の館で死去した時、すでに家督は、永正九年（一五一二）第一子長祇《ながまさ》に譲られていた。長祇は正室の子で義玆より三歳年下である。ところが、大永四年（一五二四）八月、相良長定が反乱を起こした。長定は長毎の祖父長続の第一子頼金の子で、成長するにつれ、相良氏の家督を望んだ。父頼金が長続の長男でありながら、病弱のため家督をつげなかったので、自分こそが正統な嫡男であると自負した。老臣犬童長広と組み、長祇の人吉城を襲った。長祇は近習とともに薩摩の出水に逃げた。長定の野望はおさまらない。自ら家督を称し、同五年正月、長祇を水俣城に移し、津奈木の地頭犬童匡政《ただまさ》に殺害を命じた。同八日、追いつめられた長祇は自害して果てた。

長祇の庶兄であった義玆の弟で僧籍にあった瑞堅《ずいけん》が怒った。大永六年（一五二六）五月、瑞堅は人吉の立興寺の亮海に命じ、長定の人吉城の明け渡しを勧告させた。しかし、亮海は逆に長定に与し、僧兵二百人を集め反抗に及んだ。瑞堅はやむなく寺中を焼き払うと共に攻撃した。

長定を追放した瑞堅は義玆の勧告を受け入れ、人吉城を出て落合加賀守を頼って上村長里《ながさと》城に入った。義玆の家臣らは瑞堅の討伐を進言した。義玆は出陣した。瑞堅は義玆方の先鋒上村頼興に攻められ、あえなく自害して果てた。

長定は夫人、二人の子、犬童長広らとともに八代に遁れるも、八代衆は受け入れず、翌七年、津奈木城に入った。しかし、同城は八代・芦北の兵に包囲され、長定らは筑後に逃げた。

家督を継いだ義玆は筑後の長定へ使いをやって、人吉への復帰を促した。亨禄四年（一五三一）十一月十一日、長定らは人吉に下った。筒口の梅花法寿寺に入ったところ、その門前で西淡路なる者に誘殺された。長定の夫人および二子都ッ満丸は、長定が大村の戒蔵院に待っていると誘われ、途中の鐘音寺で待ち伏せにあい殺害された。筑後に残った長子都ツ松丸は、後日刺客にほうむられた。

天文三年（一五三四）、周防の大内氏が豊後の大友氏を牽制するため、筑後出兵を菊池義武へ働きかけた。義武はこれに応じた。本来であれば、義武は豊後守護大友義鑑の弟であるから断るべきであるが、兄義鑑とは離反していた。義鑑は義武の肥後守護を狙っていたのであろう。義武は大友義長の二男で、義鑑が永正十七年（一五二〇）菊地武包のあと、弟重治（天文七年から義武を名のる）を肥後守護職としていたものである。

同年九月、義武は筑後に出兵したが、翌年十二月破れて相良氏を頼り、しばらくは八代に滞在した。以後、相良氏の力を借り、隈本を奪還するため川尻まで攻め込むも、力及ばず、隈本復帰はならなかった。

天文元年の上津浦の合戦で、相良氏に敵対した天草の五氏、天草・志岐・栖本・大矢野・長嶋の諸氏は、肥後国で菊池・阿蘇・名和、それに薩摩・大友氏に対抗して地歩を固めていく相良氏の存在を無視できなくなった。相良詣でが始まった。相良義茲は鷹ケ峰城を拠点に、球磨・八代・芦北の三郡を領し、周辺の名和氏・阿蘇氏と連携し、天草にも版図《はんと》を伸ばそうとしていた。

得てして肥後における菊池氏の声望は沈下しつつあった。天草の諸氏はこの菊池氏を見限っていくのである。

ちなみに、大友氏の祖能直《よしなお》は相模国愛甲郡古庄の郷司近藤能成の子である。伯母婿で源頼朝の側近中原親能の養子となり、中原姓を名のった。

大友姓に改めるのは母（利根局）方の生家波多野経家が相模国の大友荘（現小田原市）を支配していて、そこに居住したからであろう。

波多野氏は相模国の豪族であり、頼朝の父義朝は波多野氏の娘との間に頼朝の兄源朝長をもうけている。

能直の母は頼朝の側室であったから、能直は頼朝に重用され、九州の豊後・筑後守護職と鎮西奉行職に輔任された。頼朝の東国御家人による九州での平家勢力抑えのためである。しかし任地には下向せず、第三代頼康の代に豊後に下向した。折しも文永の役の前のことで、異国警護にあたった。元寇の戦いでは武功を挙げ豊後での大友氏興隆の基礎を築きあげた。

第二十代義鑑が肥後・筑後へ進出した。

天文五年（一五三六）五月十日、志岐重経《しげつね》は使僧胎蔵院を派遣、相良氏御宿所宛、書状二通を送った。一通目の要旨はつぎの通りである。

「前日御使僧が参られた。頼もしく畏れ入る。この表（天草）は異議ない。早々お礼を遂げるべきと雖も、海路に隔てられ、思うばかりである。国中の立柄（情勢）は如何でしょうか。兼ねてまた、宇土の名和氏の使者が逗留されておる。向後二段（心）なく、御神載（神が人の行為を裁決すること）をもって親善に預からんこと。一向に御入魂頼みいる」

二通目はつぎの通りである。

態啓《わざわざけい》せしめ候、御存じの如く、御代々御意を得候、倍々向後御隔心無く申し談じ候、若し違犯有れば、……天神も御照覧、余の儀存じべからず候、連連御同前、一向に頼み奉り候

志岐・相良氏の間に、二心なきことを誓うものである。

天文五年十月二十一日、上津浦治種は、家臣鷹戸伊勢守（上天草龍ヶ岳町高戸在）を菊池義武の館に表敬訪問させた。しかし、天文十二年（一五四三）九月十九日には上津浦丁手が家督を継いだとして、その祝義を、鷹戸氏によって、八代に贈り届け、二日後の二十一日には、相良義滋から、上津浦孫太郎の官名右衛門大輔を受けた。この人物が治種の子種教《たねのり》である。この上津浦氏が相良氏の被官をうけたことはその傘下にはいったことである。

天文十二年（一五四三）五月七日、大友義鑑は将軍足利義晴より肥後国守護職に補任された。菊地義武の声望は地に落ちた。

天文十三年（一五五四）二月二日、上津浦氏の支城棚底城から、上津浦氏の親類全部が退去した。ついで同月四日、上津浦城からも親類が下城し、ついで六日には上津浦種教が上津浦から退去した。主導権争いの内紛のためである。上津浦氏の系図に種教の名はないので、支族であったろう。

天文十三年十一月、相良義兹は芦北の湯浦に出向き、また世子相良為清も球磨から湯浦へ来ていた。これに合わせ栖本氏が参上、拝謁の上、栖本氏へ官途「左近将監」を下されるよう所望した。しかし、これは相良家の官途であるので断られた。のちに義兹は「兵部大輔」を与えた。

上津浦城空撮（天草市提供）

栖本氏はお礼に相良親子へ、五貫に太刀を添え献上した。また相良氏の御使犬童丹後守・織部佐・宮原氏へもそれぞれお礼の品を贈った。栖本氏は上津浦氏についで相良氏の傘下にはいったことになる。

同年四月四日、志岐氏は家臣山河氏を八代へ、同八日、大矢野氏は家臣瀬戸釆女氏を八代郡の陣屋に、また同十九日には、天草氏も使僧を相良氏へ遣わし、御機嫌伺いをした。

天文十四年（一五四五）十月十八日、大矢野氏自ら八代

へ出向き、相良氏崇拝の白木社を参拝した。相良氏と合力する気持ちのあらわれであろう。

同年十一月二十七日、相良義茲と為清は、鷹ケ峰城で、勅使小槻伊治《おづきこれはる》から口宣案（口頭による勅命）を拝受した。義茲は従五位下宮内大輔、為清は従五位下右兵衛佐に叙任されたのである。この時、義茲は将軍足利義晴の「義」の一字を賜った。また為清は「晴」の一字を頂戴し、晴広と名のった。これは、同年四月、小槻伊治を介し、大覚院義俊に周旋を依頼していたもので、義俊によれば、将軍の義の一字を相良氏に与えるのは差し支えないが、大友義鑑から横やりがあったということである。義鑑の子塩法師丸は天文九年、元服に際し足利義晴から、十歳にして、偏諱《へんき》を受け、義鎮《よししげ》と称していたから、同等の扱いに異論があったのであろう。

ちなみに、晴広は上村城主上村頼興の長子である。義茲が、享禄三年（一五三〇）、弟瑞堅を討つに際し、頼興に協力を乞い、その子為清を養嗣子とした。

天文十五年（一五四六）四月十四日、栖本氏は八代に中間《ちゆうげん》を遣わし、有馬氏と隔心のことを報告した。これを受けて、八月五日、有馬氏から使僧重恩寺が遣わされ、蓑田平馬允方に弁明、折しも同地に来ていた相良晴広に挨拶した。この二日前、晴広は義茲から家督を譲られていた。

同八月二十五日、相良義茲は、鷹ケ峰城で病死し、八代の蓮乗院に葬られた。同三十日、栖本氏は誰にも先駆けて弔問に訪れた。

同十月十五日、上津浦氏は平江氏を遣わし、晴広に当主就任を祝賀した。十一月三日、大矢野氏も吉野氏を遣わし、祝儀を述べた。さらに同十一月二十四日、天草氏も築地氏を祝儀に遣わした。同十二月二十日、天草氏とともに和泉氏・鹿子木《かのこぎ》親員《ちかかず》・田嶋重賢の使僧が八代を訪れ、同座して対話した。相良氏を間において、大友義鑑と菊池義武の関係修復を話し合ったのであろう。義鑑と義武の和融の仲介については、相良義茲の代から課題となっていたものである。鹿子木・田嶋両氏は、菊池義武が隈本城に初入城した時、反対を押し切ってこれを支援した国人衆である。

ついに志岐氏の八代訪問はないままである。

上津浦城建物遺構（天草市提供）

天文十九年（一五五〇）二階崩れの変で大友義鑑は家臣に殺害された。

これは家督相続にかかわる異変であった。義鑑は嫡子である義鎮（のちの宗麟）を廃嫡して、義鑑の異母兄弟塩市丸（当時三歳）に家督を譲ろうと画策したのである。この擁立派の中心人物が大友氏庶流の入田《にゅうた》親誠《ちかざね》であった。これに反する義鎮派が重臣斎藤播磨守らである。

同年二月十日朝、斎藤播磨守・小佐井大和守が途城中、塩市丸擁立派に殺害されたが、同伴中の津久見美作守・田口蔵人佐の両人が殿中の二階の間に乱入し、塩市丸・義鑑夫人・その息女二人を斬殺した。ついで桐の間に踏み込んで、当主義鑑に斬りつけた。

義鑑は絶命せず、津久見・田口はともに近習に討たれた。二日後の十二日、義鑑は落命。その前に置文して義鎮の家督相続を認めた。

これを伝え聞いた菊池義武は、三月十四日、避難していた肥前高来から隈本城に帰還し、同二十三日、豊田宮山で相良・阿蘇両家の重臣らと参会した。菊池氏の将来を託す思いであったろう。大友義鎮は義武の甥にあたる。義鑑亡き後、義鎮の菊地義武への対し方が問題である。義鎮が義鑑の意を継いでおれば、義武への反目は当然のことである。

義武は晴広に本音を洩らした。

「拙者としては、甥の義鎮に対して、何ら造反の意思はござらぬ。しかし、豊後の方から、筑後や肥後に、拙者を義絶するとの廻文が出回っている。この上は、何度訴えたところで赦されることではあるまい」

同五月、大友義鎮は相良晴広に対して使者を送り、義武攻撃への加担を求めた。

同閏五月、義武は大友に味方する阿蘇勢を健軍で撃破し、同十八日には筑後の溝口、十九日には津守・木山・隈庄口の合戦で勝利した。菊池・名和・相良の三氏は同盟して大友氏に対する道を選んだといえる。

同年七月、大友義鎮は肥後に侵攻し、合志で合戦、追っ付け隈本城を攻略した。同八月、義武は隈本を脱出し宇土に逃れた。

相良晴広は老臣相良織部助を薩摩の島津忠良に遣わし、豊後・肥後両国の和平の斡旋を頼んだ。しかし、島津氏の意向は大友氏の下知に従えということであった。大友義鎮は肥後国に検使衆を派遣し、反大友の行動をした勢力を糾弾し、その領地を取り上げ、これを勲功のあった者へ闕所地として与えた。

こうした動きを見てか、当初、大友氏の動きを静観し、動かなかった志岐氏・天草氏は、日をおうにつれ大友氏に参陣した。参陣しなかった大矢野氏・志柿氏は、翌年六月、藤崎八幡宮の旧領地を所有していたものを没収された。大矢野主馬充の所有分は肥後飽田郡の宮内庄の内三郎嶋二町五段分、志柿五郎左衛門尉の所有分は同三町分である。

天文二十年（一五五一）四月九日、相良氏は岡村新左衛門入道を肥前高来に遣わし、今福氏を成敗させた。新左衛門は八代に一時逗留し、それから高来に渡ったようで、有馬氏の情報を八代へ送った模様である。

それはつぎの様である。

「同十三日、有馬直義（義貞）は上洛と称して、忍びで薩州の阿久根に出舟、同二十八日有馬仙巌（晴純・直義の父）が直義の跡を追って阿久根に出舟した」

相良氏にあっては、有馬氏と薩摩の島津氏の動向を懸念し注視していたのであろう。

同七月八日志岐・上津浦・大矢野の三氏は合力して栖本氏を攻めた。これに呼応して同日、有馬仙巌も上津浦氏に合力のため有明海をわたり、上津浦に軍を派遣した。

同年十二月十四日、大矢野氏は八代に至り、相良氏家臣竹下五郎三郎方にて、相良氏を介して大友氏への数カ条の申し次ぎを頼んだ。恐らく、前年の不参を詫び、以後の和平を願ったのであろう。また、志岐氏も同日、相良氏の申し次ぎで大友氏へ御判（和睦のしるし）の事、本（領）の安堵の事、さらに志柿の事（処置）を頼んだ。

天文二十一年（一五五二）十一月十二日、大矢野氏は使者東氏を八代に遣わし、相良氏御曹司（相良晴広の長子義陽《よしひ》）の八代下向を祝した。時に義陽は九歳であった。

同十六日、栖本氏も八代へ参り村山九郎方で挨拶、十八日に帰った。御曹司の祝儀と上津浦氏との和平が話し合われたことである。

同二十三日に、上津浦氏が八代に出向き、村山備前方で挨拶した。翌二十四日、上村帯刀充方で再度挨拶、相良晴広から御酌（丁寧に）にて上津浦氏へ太刀を与え、上津浦氏から刀一振りを返礼し、その後、晴広はわざわざ小宿まで出向き、脇差を上津浦氏の母へ進上した。

こうした動きは、相良氏の上津浦氏への思い入れが、栖本氏に対するそれより勝っていたことの表れである。

天文二十二年（一五五三）三月二十一日、天草尚種は出水に兵船を出したので、薩摩出水勢は肥後の津奈木へ進入、対抗の姿勢を見せた。

同年五月一日、相良氏は使者光勝寺を天草氏に遣わし、長嶋氏の進退について問わした。これには大友氏の指示があったことであろう。長嶋氏は参陣しなかったのである。相良氏としては、いずれは長嶋氏の処分を決めなければならない。

同二十九日、天草氏はショウテツイン（松鉄院か）を相良氏に遣わし返答の猶予を乞うた。七月二十四日、再度、天草氏から使僧が八代へ来て回答した。相良氏の『八代日記』は記す。


同二十四日、天草殿より使僧八代ニ着候、長嶋殿ニ領地被進候へと、晴広様ヨリ御異見候、就夫、領地被進候使僧なり、

「相良晴広様より、長嶋氏へ、領地を進ぜるようにとの御意見であった。よって、領地を進ぜたい」というのである。

同二十五日、水俣で長嶋鎮真と相良氏の使僧蓮性寺と松源寺が会談した。三十日まで話あわれたが、結論は出なかった模様である。長嶋氏は領地が進ぜられる旨を知らされたに違いない。それであれば、長嶋氏にとっては好都合であるはずであった。それが五、六日も話し合われたたということは、ほかに何かがあったにちがいない。そこには大友氏の強い意志、つまり、長嶋氏排斥の意志が使僧に含められていたことであろう。それは長嶋氏の存命にかかわることであったろう。

天文二十二年七月九日、長嶋鎮真は長嶋を去り、出水に逃れた。本来であれば天草氏の進め

る方へ行くのが筋であるが、逆に薩州島津氏支配の出水に行ったのである。出水城主は島津義虎《よしとら》である。ここには大友氏の圧力は届かないのである。大友氏に息のかかるところを避けたのであろう。長嶋氏の跡を大友義鎮は相良氏に任せた。

同二十六日、相良晴広は長嶋知行として、家臣山崎市充方・小田兵左衛門尉方を長嶋に赴任させた。相良氏の長嶋支配の初めである。しかし、これは事実上肥後守護たる大友義鎮の相良氏の名を借りた天草支配を成就する端緒である。

同十二月二十六日、かつて肥後国を追われて島原へ逃れていた菊池義武は、宇土の伯耆守宇土行興から人数を遣わされ、宇土へ迎られたが、それから志岐へ向け出船して去った。

天文二十三年、（一五五四）正月、菊池義武は大友義鎮への反抗の意を決し、二月、志岐から海路、薩摩の出水に走ったが入国を拒否された。三月二十九日、天草の志岐にいた菊池義武の子高鑑は宇土の名和氏に支援を求めた。しかし、これも断られたようである。

菊池義武は妻子を伴い相良氏を頼った。人吉の永国寺に入り、剃髪して笑言道闇と号した。同年八月十六日大友義鎮は将軍足利義輝から肥前国守護職を補任された。義鎮は義武を許さなかった。相良氏に義武の引き渡しを要求した。晴広はその都度これを拒否した。義武はようやく覚悟を決め、天文二十三年（一五五四）十一月、夫人とその子則直を相良晴広に託し、高鑑と同伴し豊後に赴いた。同国木原で捕えられ誘殺された。高鑑も殺されたとの説があるが実際は逃亡した。

天文二十四年（一五五五）四月九日、藤原（菊池）高鑑は（志岐）燕語斎宛、預け状を交付した。

（肥後国）飽田郡之川尻庄内鳥森四町・葛林六町之を預け進め候、全て領地あるべくの事、よて状件の如し。

燕語斎が誰に比定できるかは不明である。志岐氏の一人と思われる。菊地高鑑については問題がある。父義武と共に豊後の木原で誘殺されたとするが、それは一年前の天文二十三年のことで本預状の日付が天文二十四年であることには矛盾がある。よって、この時は逃れたと考えざるを得ない。高鑑は父義武と共に志岐滞在中の恩義を忘れず、父亡きあと、志岐氏を頼む気持ちが強かったのであろう。しかし、この預け状を交付した高鑑には豊後国守護職の資格はなく、私的なものである。

同年八月十二日戌の刻（午前四時頃）相良晴広は八代の鷹峰城で死去した。享年四十三であった。同十六日葬送、同日、大矢野氏が拝堂し、その後従僧の供養があった。栖本氏よりも僧侶十五人、天草氏よりも使僧、上津浦氏より使僧十五人、同使者の弔問があった。

その後、直ちに「三郡御老者」の会議が持たれた。三郡の老者とは、頼興の子で義陽の叔父頼孝（上村城主）・頼堅（豊福城主）・長蔵（岡本城主）である。その推挙にて嗣子義陽が家督を継いだ。元服一年前の十二歳である。祖父上村頼興が後見した。

同十月十四日、志岐氏から使僧が、十二月一日、上津浦氏から使者鷹戸氏が遣わされ、相良義陽の家督承継を祝した。天草の五人衆全員が相良氏の慶弔に参上したことになる。

同年九月二十六日、天草氏は相良氏へ使僧を送り、強く申し入れた。

「長嶋を、長嶋氏にお返し願いたい。去る八月逝去された晴広様、御存命の時、わが殿の舎弟へ仰せられた御返事の趣は、お返しいただくとの事であつた」

相良義陽は答えた。

「拙者、就任以前のことで知らざることである。当時の係役球磨年行に問い合わせ、その上、大友義鎮殿に申し次ぎ（相談）をしなくてはならない。よってここでは御返事は出来難い」

翌弘治二年（一五五六）四月二十九日、相良義陽は使僧光勝寺を天草一揆中に派遣し、大友氏の回答を説明させた。大友氏の肥後守護の立場を誇示し協力を求めたのである。天草衆を回ること、十日間を要した。長嶋返還を拒否したのである。

弘治二年（一五五六）五月二日、菊池高鑑は、再度志岐氏へ預け状を交付した。

肥後国玉名郡石貫廿五町・山鹿郡之内南嶋十二町・飽田郡川尻之庄白石之内十町・同庄之内渡口三町之を預け進め候、御知行あるべく之状件の如し、志岐氏はなお菊池氏へ何らかの忠節を尽くしていたのであろう。そのお礼と思われる。

上津浦・栖本合戦

弘治二年六月一日、上津浦氏は栖本氏領の棚底の内、藤崎の柞《かこい》を押し破って侵攻した。同六日、相良氏は上津浦氏と志岐氏に使僧海正庵を遣わし状況を視察させた。和平の道も探ったことであろう。しかし、栖本兵部大輔は同六月二十九日、上津浦へ討って出た。栖本氏側に十八人の戦死者が出た。上津浦と栖本の境、草積峠というところであった。上津浦氏と栖本氏は天草上島の北部に上津浦氏、南部に栖本氏が領地し、草積の山地で接している。

同六月一日、相良氏は佐敷から栖本へ初めての番役を送り、同十四日帰還させ、代わりに田浦の衆を派遣した。七月四日、栖本の浦々は上津浦氏の廻船により破られた。相良氏は芦北の二見・一瀬の衆をつぎ込み応援するも、劣勢に立たされた。

八月一日、上津浦氏に天草・志岐氏の二軍が参加した。十月七日、相良氏の取なしで上津浦氏らと栖本氏の和議が話しあわれた。しかし、これは不調に終わった。以後翌年にかけ、相良氏は、八代から数次にわたり栖本へ番役を送りこみ、和平調停を試みるも効果はなく、上津浦氏の侵攻姿勢は止《とど》まらず、戦局は膠着したまま越年した。

翌弘治三年（一五五七）二月二十一日、相良氏三代、義兹・晴広・義陽《よしひ》に仕えた水俣城主上村頼興が死去した。同月二十九日、大矢野氏は養乗寺の僧十五人を八代に派遣し、その霊を弔わせた。同五月四日、上津浦氏は西福寺僧を八代へ遣わした。上村頼興の弔問であろう。

相良義陽は天草へ軍勢を派遣するため、薩摩出水に渡海船の合力を要請、薩摩の伊集院忠明との会見を予定していたが、急遽これを中止した。頼興の死に乗じて、その子ら頼孝・頼堅・長蔵の三城主が、各々三郡を分領せんと義陽に造反したのである。

六月、義陽は八代の東山城守に命じ、まず豊福城の頼堅を攻めさせ殺害した。七月、九木野砦に拠った頼孝の味方上村外記親子を攻め、大隅の菱刈へ逃亡せしめた。八月、八代・芦北の兵を二分し、一方を頼孝の上村城、一方を長蔵の岡本城に向かわせ、敗走せしめた。岡本城は八月十六日、上村城は九月二十日落城した。その間、上村氏に与《くみ》する薩摩・日向の兵により、相良領はたびたび侵された。

その間、栖本・上津浦氏の抗争は改善されなかった。

永禄元年（一五五八）四月二十日、菊池高鑑が、大矢野の柳に赴き、さらに二十五日、志岐から八代の徳渕に到着、五月二日には八代の今和泉に登った。ここは、相良長毎が龍成寺を創建して隠居して居たところである。

五月四日、高鑑を人吉の使者宮原善衛門尉が訪ねてきた。

「高鑑様、八代逗留の事、甲斐親直様に仰せ通すべき事、八代の各々等閑なく、参会有るべき事、両条数《あま》た仰せ出され候」とある。

菊池高鑑は、お家再興の念願を持ち続けていたのであろう。その連携を志岐氏・大矢野氏・相良氏に求めたのである。その後、高鑑の行方は記録に現れない。

永禄二年（一五五九）、五月二十一日、上村頼孝らの反乱により相良氏との関係が悪化していた菱刈氏（薩摩大口城主菱刈隆秋）は、水俣城（上村頼興の子頼孝城主）を攻め、これを占拠した。

同年十月二十二日、天草・上津浦・志岐氏は参会、天草領内にて、栖本氏より殿原らが立ち会ったが天草氏の異見により、和解はまとまらなかった模様である。このため、永禄三年（一五六〇）正月二十六日、上津浦氏は棚底へ再度出動し、不穏な動きをした栖本衆三人を討ち取った。


五月十日、相良義陽が八代に下向し西方院に投宿した。上津浦氏は使僧を送り、御機嫌伺いをした。ついで志岐氏も使僧を送りこんだ。そこで、話の過程で、菱刈氏が占拠した水俣城の処分のことが出た。志岐の使僧は義陽に言上した。

「志岐の殿、水俣の城取りのことは、成就されべしと申しておりまする」

「いかにもそうじゃ。今、天草殿とも談合しているところじゃ」

五月二十四日、人吉より老中が八代へ下向してきた。委細は水俣の取り成りのことであった。

菱刈氏の言い分はつぎの通りである。

「水保之内十二門、その上に領地御添え候へ（ば）、城渡し遣わすべくの由」であった。

八代・人吉の老中は揃って、菱刈氏の申し出に合意した。

六月十八日、志岐氏の使僧が再来して申し出た。

「委細水俣城の事、中達申すべくの由候、志の立つの程、委細入るまじきよし候」

志岐氏は、仲介をことわったのである。

七月二日、水俣受け取りのため、相良氏家臣東左京進《あずまさきょうのしん》が出立し、同日水俣へ着いた。この中途で菱刈氏は日程を三日に変更した。

七月三日、水俣城請取りは、天草尚種《ひさたね》ひとりの立合で行われた。水俣の十二門の屋敷が割譲され、菱刈氏は撤退した。

天草尚種は、舎弟二人、人数数多をひきいて、舟十三艘で、津奈木に着船、同五日、東左京進宅に落ち着いた。

八月二十二日、相良氏は左牟田民部少輔を使者に立て、天草尚種のもとにて、水俣調達の成就の礼を述べた。

永禄三年（一五六〇）九月二十三日、島原の有馬氏は上津浦氏を支援して、栖本攻撃のため、上津浦へ着岸した。総勢二百余艘による出兵である。同二十五日、有馬勢は栖本の二間戸の陣屋に放火し、同二十七日には大村氏も栖本に着陣、上津浦・志岐勢も合同した。同二十八日、二十九日、栖本城は、肥前西六郡の将兵に包囲され、猛攻を受けた。

有馬・大村氏の上津浦氏支援の動きは、相良氏に脅威を与えた。慌ただしい動きである。

同十月六日、相良氏は天草氏を上津浦・栖本両氏の和議に合力させるため、東六郎左衛門尉・蓑田平馬允・宮原十郎を遣わした。さらに同二十四日、光勝寺を天草氏に使僧として派遣した。同十一月二日、相良氏は東左京亮を天草氏に派遣、合力させた。これらは、相良氏が天草氏の協力を得て、栖本・上津浦氏の和議を画策した動きであろう。

栖本城空撮（天草市提供）

同十四日、有馬氏は上津浦の陣を解きはじめた。戦いの目安がついたのである。

ちなみに天草氏は、弘治三年（一五五七）二月七日、上津浦氏を見限り、栖本氏についている。相良氏の勧誘であろう。

同三年十一月十九日、栖本氏は、自領棚底を上津浦氏へ割譲、和解した。翌日、有馬の諸勢は有馬へ帰った。同二十五日、上津浦氏は延命院僧を八代へ遣わし、相良氏の奉行へ、棚底受取りの礼を述べた。

大村氏はこの戦いに鉄砲を使用した。出撃に先立ち、大村氏は松浦氏へ鉄砲の熟達者二十人の派遣を頼んだ。松浦隆信は二十三人を寄こした。勿論松浦氏所有の鉄砲である。天草の戦争での最初の鉄砲使用である。この効果は諸氏を驚かした。あるいは、栖本氏の降伏はこれに起因したかも知れない。

一般的に、鉄砲の伝来は天文十二年（一五四三）、種子島にポルトガル人によってもたらされたのが最初といわれている。ところが、同年、平戸松浦氏は内紛により（宗家）相神浦《あいこうのうら》松浦氏の飯盛城を攻めた時、鉄砲を使用した説がある。しかしこれは疑わしい。確かなのは、永禄六年（一五六三）再度飯盛城を攻撃した時、鉄炮と大砲を使用した。大村氏が天草で使用したのはこれより前三年のことである。

鉄砲の入手は種子島と別の経路があったことになる。松浦氏は中国と貿易をしており、当時、王直が貿易船の船長として平戸に出入りしていた。王直の平戸来往は天文十一年（一五四二）である。貿易品のなかに鉄砲が含まれていた。王直は倭寇の親玉でもあった。この王直による伝来説が可能性としては一番高い。鉄砲の火薬の原料硝石は日本に取れず、これも中国産である。

「三光譜録」に平戸松浦氏の鉄砲伝受の記事がある。

去程に、隆信公は、御武運も御果報も満足に御座し、平戸浦には大唐より五蜂（王直）と云う者来り、年久く居りけり、是を便りと商売の唐人諸国より数艘年々入津す、其外外国の紅毛人又はイケレス（イギリス）人迄来り、万珍器珍物満々しかば、京境の商人其外諸国より集り平戸の繁昌日本に類ひなければ、西の都と申ける。頃は天文九年（一五五〇）より府栄へ南蛮人も来ければ、日本第一の鉄炮（三挺始めて持来り）、万力（初て三ツ渡る）、ハラカン（今にこれを石火矢『大砲』と云）此品の内鉄炮は種ケ島にも渡れども外の二品は無類の重器なりけり。然るに万力の重宝は阿蘭陀知たれば大工庄之助と云者教たれどもハラカンの徳知る人なかりしかば、ひたすら南蛮人に太守尋ね給へば、エキレンシャの云う（エキレンシャとは邪僧のこと也）此大業望あらば、我宗旨に成給ふべし、無た（駄）には教がたしと申しければ、頓て籠手田左衛門、一部勘解由を御名代として南蛮の宗門にぞ被成ける。依之ハラカンの射法不残伝えしかば、日本一の火業御代々平戸へ伝はり今御重宝の第一とぞ成ける

栖本城跡。現在は公園となっている（天草市提供）

問題は、鉄砲鍛冶の養成である。集団的鉄砲使用は、輸入だけではその数を充足しないのである。松浦氏には万力という重宝な工作機械がもたらされていた。よって鉄砲鍛冶が育ったことであろう。残念ながら、この時節、天草に鉄砲鍛冶の存在は確認されない。

永禄四年（一五六一）、相良氏にも鉄砲が持ちこまれた。求磨外史巻三之一はいう。

（永禄）四年辛酉晴二月十七日、……この歳、公（相良義陽）遠江守に改称す、稲留筑後始めて鳥銃を得る、之を公に献ずる、天文中の初め、（南）蛮船種（子）島に来、互市を求む、齎《もたら》す所鳥銃あり。

この鳥銃が鉄砲のことである。

以上にて、二十数年にわたる上津浦・栖本氏の抗争はおわった。この時点で、天草における勢力範囲はつぎの通りである。

栖本（兵部大輔）・天草氏（尚種）の組の支援者が相良氏である。相良氏の背後には大友氏がいた。上津浦（治種・鎮貞）・大矢野（種光）・志岐氏の組の支援者は有馬・大村・松浦氏である。この上には、のちに島津氏が台頭してくる。

有馬氏と志岐氏の関係は、志岐重経（麟泉）の初婚の妻が有馬尚鑑《ひさあき》の娘である。この縁により、のちに有馬氏の慶童丸（諸経）を養子とした。そして、有馬氏は大村・松浦氏、それに薩摩島津氏とも繋がっているのである。有馬氏八代の有馬肥前守貴純の母は島津氏八代修理亮源豊久の娘である。

貴純の養子尚鑑《ひさあき》の子仙巌晴純《せんがんはるずみ》に五男があつた。嫡男義貞、大村氏の養子となった次男純忠、相神浦松浦波多氏の養子となった三男盛、四男の千々石城主直員、志岐重経の養子となった五男諸経である。

ところが、栖本氏と相良氏には人的交流がない。では、相良氏はなぜ敢えて栖本氏を支援し続けたのであろうか。それは、菊池氏なきあと阿蘇・名和氏に互し、八代を貿易港として開き、肥後一国の覇者たらんとの一念であったろう。そのためには、八代湾一帯を版図としなければならない。その拠点が八代である。本拠人吉は山村の一邑にすぎない。いつまでもここに安住するわけにいかなかった。八代湾の南は佐敷・水俣とあってここまでは自領である。薩摩と天草南を繋ぐ長嶋はつい最近自領となった。残るは獅子嶋。その北が栖本氏の領地たる、天草上島の南岸地域である。その北側が上津浦である。この北は有明海で、有馬氏の領域である。栖本氏を援護するのは有馬氏の南下を防ぐ手段であったろう。

ところが、相良氏には弱点があった。山村の城主として、地政的に水軍を持つ余裕がなかったことである。一方で、南から薩摩氏、これに属する菱刈氏などの脅威にまず対処しなければならない。主力はここに次ぎこまれた。勢い栖本氏への援護は手薄になった。これが栖本・上津浦氏間の小競り合いによる延々たる長期戦となった所以であろう。

一方、相良義滋・晴広親子が球磨人吉から八代の古麓に移住したのは、天文二年（一五三三）である。古麓に隣接する鷹峰に新城を築き、本拠とした。不知火海に進出する思いがあった。球磨川河口の北に支流前川が流れ込んでいる。徳淵という。水深があり良好であった。天文八年（一五三九）義滋は渡唐船市木丸を建造し、この港で進水した。琉球との交易をはかり、天文十四年には、幕府から渡唐往還の警護の役を命じられている。

この勢いが国内の政策に十分いかされなかったのは、背後に強力な島津氏を背負う地方領主相良氏の力量不足であったろう。

天草五人衆の融和はこれにて十全とはならなかった。

永禄八年（一五六五）三月二十三日、天草氏は大矢野・上津浦の二氏と合同して天草上島の志柿に出動し栖本氏と戦った。上津浦衆六人が討死した。志柿はもともと上津浦領であったところを栖本氏が侵害したのであろう。この間隙を突いて、薩州出水郡の島津氏が動いた。相良領長嶋に攻めいったのである。相良氏は長嶋の代官に、天草氏の支族天草越前正をおき、天草氏に後援させていたのであろう。薩州島津義虎《よしとら》の叔父出水《いずみ》郡野田城主島津忠兼《ただかね》は志岐・栖本氏に支援を求め、長嶋の堂崎城を攻めた。

三月二十四日、堂崎城が一日にして落ちた。城中の女中衆も刀剣を振りかざし、防戦するも討ち死に、天草越前正も切腹して果てた。

この堂崎城の占拠は島津忠兼の独断による。事後にこれを知らされた忠兼の本家島津義虎は忠兼の勝手な所行を認めず、出水城に忠兼を呼び出し殺害した。以後、長嶋は出水領に含められた。

五月一日、相良氏は使僧農寺を志岐、栖本の両氏に遣わし、志岐・栖本氏と天草・大矢野・上津浦の三氏の融和を試みた。しかしこれは成らず、六月二十八日、志岐・栖本・それに有馬氏らが、島津氏に連合して志柿の隣村の嶋子に出張った。この時の島津氏は、薩州本家出水城主島津義虎の勢である。七月二日、島津勢らは本砥へ攻めいった。

同九日、対する天草氏は大矢野・上津浦氏を巻き込み、志柿に出動、栖本・上津浦氏との合戦となり、上津浦氏側は六人が討ち死にした。同八月二十六日、相良氏は球磨から、栖本攻めのため深水殿・東民部左衛門尉を派遣、八代より天草の砥岐《とき》の嵐口に着船した。同九月十三日、相良氏の支援を受けて、上津浦氏は栖本の内・河内という所に攻め入り、八人を討ち取り、手火矢（鉄砲）二挺、兵具五十ばかりを獲得、上津浦へ持ち帰った。

同九月十七日、球磨衆・天草衆、それに二十日、八代衆が志柿に合同して防備体制を整えた。

同十月三日、有馬氏は使僧宝福寺を八代へ遣わし、天草・志岐・相良の三氏の融和を話し合った。

宣教師

ザビエルの道

フランスのイエズス会宣教師フランシスコ・ザビエルの一行が鹿児島に上陸したのは、天文十八年七月二十二日（西暦では一五四九年八月十五日）のことである。ザビエル、時に四十三歳である。これより前、彼らが乗った中国のジャンク船は薩摩の坊の津に着船。領主の入国許可を得るまでこの地に滞在した。

八月十五日は聖母マリア昇天の日である。ザビエルはこの由緒ある日を選んで、坊の津から廻航、鹿児島に入ったのであろう。

この十五年前の一五三四年の同日、イグナチオを指導者と仰ぐザビエルを含め七人の同志がモンマルトルの丘に登り、修道誓願を立てた。修道会の結成である。これが一五四〇年にイエズス会として公認される。

ザビエルらがインドのマラッカを立ち、日本へ向かったのは一五四九年六月二十四日で、構成員はザビエルを含め八人である。トルレスとフェルナンデスはスペイン人、ヤジロウとその弟、その僕《しもべ》は日本人、従僕はインド人一人、中国人一人、都合八人である。

二カ月後の十一月五日、ザビエルは日本入国後最初の手紙を鹿児島からゴアのイエズス会宛出した。

神のお導きによって私たちは一五四九年の聖母被昇天の当日に本当に長いこと待ちこがれていたこの国にとうとう到着しました。私たちはパウロ・デ・サンタ・フェ（ヤジロウの洗礼名）の郷里である鹿児島以外の港には着くことができませんでしたが、パウロの親族、友人その他この土地のすべての人びとに歓迎されました。

フランスとスペインとの国境に近い所にナバール王国がある。同国の東境にザビエル城がある。ザビエルはこの城主を父に一五〇六年四月に生まれた。十九歳でパリの聖バルバラ大学に入り、その間生涯の友、イグナテイウス・ロヨラ（一四九一―一五五六）に会った。

おりしも、世界は大航海時代に突入していた。ジパング（日本）の情報が西洋に紹介されたのは、ヴエネツイアの商人マルコ・ポーロ（一二五四―一三二四）が中国からイタリアに戻ってから口述で著した『東方見聞録』による。ジパングはシナ大陸の東方一五〇〇マイルの大海中にある大島で、その国の王の宮殿は純金に満ちており、真珠が大量に産出する富裕な国であるなどと紹介した。

これに触発されたのがゼノヴァ出身のクリストーバル・コロン（コロンブス）である。しかし、コロンブスは日本に行けなかった。それはポルトガル人にとって代わられた。

天文十二年（一五四三）八月二十五日、三人のポルトガル商人が中国人五峰のジャンク船で種子島に漂着したのが最初の日本到来である。この時、鉄砲がもたらされた。翌年以後、シナ海を横断してポルトガル人が続々として日本にやってくる。

一五四六年初夏から初冬にかけて、九州の港にいた船長ジョルジュ・アルヴァレスは、翌一五四七年一月、日本を去るにあたり、鹿児島山川港から日本人三人を乗船させた。

日本人の一人はヤジロウと称し、もと薩摩の武士であろう。人を殺めて寺にかくまわれていた。ポルトガル船員に知人があって、アルヴァレス船長に紹介された。国外逃亡をはかったのである。あとの二人はその従者である。

一五四八年一月二十一日付、ザビエルはコーチンからローマのイエズス会宛、アンジロウ（ヤジロウ）との出会いについて発信した。

マラッカでたいへん信心深い、信仰のあついあるポルトガルの商人から最近発見された幾つかの大きな島の話を聞きました。その国は日本と呼ばれていて、イエス・キリストの教えを広めるうえでインドより発展しそうなところだそうです。なぜかというと、日本人はどの国民より知識に飢えているからです。

ある日本人がこの商人といっしょに私に会いに来ました。名をアンジロウといいます。彼はマラッカの人びとが私について語ったことを聞き、私のところへ話しに来る決心をしたのです。彼はすでにポルトガルの商人たちと親しくて、何か気がとがめることがある由。どうすれば神と仲直りができるだろうかと彼が尋ねると、商人たちは彼にマラッカにいる私のところにいくように勧めました。……彼は……キリスト教という宗教について知りたいと思い、私に会いに来ました。彼はポルトガル語がいくらかわかったので、私たちは通訳がなくても互いに言葉を交わすことができました。（中略）

私はアンジロウに、もし自分がいっしょに日本にいけばその国の人びとはキリスト教徒になるだろうかと尋ねました。アンジロウは、自分の国では聞いたことをすぐに受け入れるわけではないと答えました。向うではだれでも私が説教する宗教についてまず最初にいろいろ質問するだろうということで、特に私の言葉と行いがどこまで合っているか調べるでしょう。質問に対して満足のいく解答が出て、そして私がりっぱな生活をしていて非の打ちどころがなければ、王と貴族と大人はみな確実にキリストの群れに加わるにちがいありません。彼らは理性の導きに従う国民ですから。

運命的な出会いである。これがなければザビエルは日本に来なかったであろう。

ヤジロウはゴアへ行き、そこでトーレス神父から教えをうけ、一五四八年五月二十日、ゴアの大聖堂で司教アルブケルケからパウロ・デ・サンタ・フェという洗礼名を授かった。同伴者の二人もそれぞれジョアンとアントニオの洗礼名を受けた。

ザビエルは薩摩領主島津貴久に、聖ミカエルの祝日の九月二十九日に面会した。会見の場所は伊集院の壱宇治城であったらしい。ザビエルは日本における宣教の抱負を語ったことであろう。貴久はしばらく鹿児島の布教を許した。

ザビエルは薩摩で百人ほどを授洗させた。その間、島津氏の菩提寺福昌寺の老東堂忍室《おしじつ》と懇意となった。霊魂の不滅と来世の問題で、意見が交わされたことであろう。しかし、これについては、禅宗の立場はザビエルの理解を越えていた。禅は非宗教的かつ無神論的なものと思った。神と後世は禅宗が容認しないものであったからである。

翌年、ザビエルは平戸にポルトガル船がはいったということを聞き、一人で平戸へ行って、ポルトガル人に会い、すぐに鹿児島にとって返し、一行とともに、平戸へ向けて引き返した。八月頃のことである。ザビエルは鹿児島を去るにあたり、領主貴久に挨拶をしており、その間に険悪な感情はなかったであろう。

ザビエルはトルレス神父に後を託し、平戸から博多、山口を経て、京都に登った。一五五〇年末である。京都では、天皇（後奈良天皇）に面談を試みたが公的献上品の用意なく、成功しなかった。おりしも、戦乱のさなかで、公方足利義輝は郊外に逃れていて会えず、世人のいうところによれば、最大の国主は山口の領主大内義隆ということであった。在京十一日にして、ザビエルは堺に戻り、四カ月をかけて、平戸に帰った。

天文二十年（一五五一）三月、ザビエルは改めて山口に大内義隆を訪ねた。ポルトガルのインド総督ガルシア・デ・サとインド初代司教ドン・ファン・デ・アルブルケの書簡を呈し、時計・火器・丁子《すやうじ》（香料）・楽器・眼鏡・織物・葡萄酒・ガラス器・書籍・絵本などの進物を献上し、布教の許可を求めた。義隆は前年とはうって替わり歓待した。廃寺を住院として与え、デウスの教えを説くことを許し、その旨の高札を城下に立てさせた。約五カ月で五百人ほどの信者を得た。なかに一人の半盲の了西《りようせい》という琵琶法師がいた。平戸白石村の出で、一五二五年に生まれである。その青年は洗礼を受け、ロレンソと称した。のちにザビエルの従者となった。

この節、豊後では日出《ひじ》の港にポルトガル船が入っていた。船長デュアルテ・ガマは「豊後の王」大友義鎮《よししげ》にザビエルの良き評判を告げた。義鎮は山口にザビエル招聘状をおくった。ザビエルは、平戸からトルレス神父・フエルナンデス修道士を呼び寄せて山口を託し、豊後へ向かった。

大友義鎮はポルトガル人に接し、火薬、鉄砲、医術などやキリスト教について聞き知っており、これらに高い関心をもつていた。ザビエルの来訪は好機であった。初対面で伝道の許可を与え、さらにポルトガル王やインド総督へ書簡をおくり、教師派遣を要請した。ザビエルは一度インドに帰り日本布教の計画を強化することを決心した。

同年十一月、ザビエルは日出の港を発ち、インドへ向かった。日本人五人をともなった。うち二人はポルトガルへ留学させるためであった。

ザビエルがインドのゴアについたのは一五五二年二月である。ザビエルは極東管区長であった。船長デイエゴ・ペレイラから中国の情報を得て、中国伝道の好機ととらえた。彼はこれを日本への再訪に優先させた。同年八月澳門《マカオ》に近い上川島に至り、そこで病に襲われ急死した。四十七歳であった。

ザビエルが連れて行った二人の留学生のうちひとりはゴアで病死し、ひとりは翌年九月リスボンにつき、コインブラの修練所に入学。一五五五年にローマに滞在、そこでイエズス会会長イグナシウス・ロヨラにも会ったが、コインブラに帰って間もなく病死したようである。いずれも氏名未詳。これは一五八二年、伊東マンショら四人の遣欧使節渡欧に先立つこと二十五年前のことである。

天草への布教

天文二十一年、一人のポルトガル商人が平戸から山口を訪れ、イエズス会に入ることを決意した。ルイス・デ・アルメイダである。

アルメイダは一五二五年頃ポルトガルのユダヤ系の家に生まれた。医学を学び、貿易省となった。一五四八年、インドに渡った。ここでザビエルに会う。一五五二年、澳門から鹿児島に渡り、平戸に至った。たまたま宣教師と同船していたことからイエズス会との接触が始まり、山口に来たのである。

弘治元年（一五五五）十月、厳島の戦いで陶晴賢は毛利軍により敗死、ついで二年後の弘治三年五月一日、長門に逃れていた大内義長は長府の長福院で自害した。毛利元就は防長二国の領主となった。

領内に一向宗門徒を多く抱える毛利氏は、切支丹を保護しなかった。トルレス神父らは山口を見限り、豊後の府内に移住した。大友義鎮の御膝元である。

大友義鎮はトルレス神父の来訪を歓迎した。土地を与え病院の建設を許した。日本で最初の西洋医術による総合病院である。これには、弘治二年（一五五六）、平戸に再来したアルメイダが府内に来て、イエズス会に入りトルレスに加勢をしたことが大いに役だった。アルメイダは商人であり、外科医でもあった。アルメイダは所有していた貿易船を処分し、その資金をもって、府内に育児院をも開設した。

同年半ば、フランシスコ・マスカレーニャスの船が府内に入港した。同船でインド・日本イエズス会管区長バルショール・ヌーネスとガスパール・ヴィレーラ神父および二人の若い伝道士ギリエルモとルイ・ペレイラが来日した。ヴィレーラは人手不足のトルレスをよく支えた。

しかし、ヌーネスは日本の水にあわず、同年十一月早々に澳門にかえった。

弘治三年（一五五七）、大友義鎮は筑前博多の土地の一部をイエズス会に与えた。トルレスはガーゴとフェルナンデスの二人を派遣し布教にあたらせた。

同年七月、大友義鎮は筑前の秋月文種が毛利氏と志を通じ大友氏に背いたので、その本拠古処山城を攻めてこれを下し、ついで筑紫惟門を五箇山城で降伏せしめ、筑前・肥前・豊前を平定し、博多を管轄するようになっていた。義鎮が将軍足利義輝から豊前・筑前・筑後国の守護職に補任されるのは永禄二年（一五五九）六月のことである。

永禄元年（一五五八）、トルレスはヴィレーラ神父とロレンソ日本人修道士・伴侶ダミアンに案内の日本人デイオゴをつけて京都へ派遣した。京都地方の布教の可否を探り、拡大を期すためである。ロレンソはこの二年前に日本人ベルナベを伴い、京都比叡山に派遣されているので、二回目の上京である。

ヴィレーラ神父の五畿内における布教は、仏僧らの反対にあうなど忍耐を要したが、ロレンソらの協力により、七有余年の長期にわたった。それは、ザビエルが京都で果たせなかったことの実践であった。永禄三年（一五六〇）将軍義輝に拝謁、砂時計を献上、京都におけるキリスト教宣教許可の制札を得た。しかし、永禄八年（一五六五）、松永久秀らに義輝が攻め殺されたあと、京を追われ堺に逃げた。

天文十九年（一五五〇）、ザビエルが平戸に入った時の平戸領主は松浦鎮信である。ザビエルの布教要請を受け、直ちに許可した。のちにフロイスは、松浦鎮信を評して「外交手腕にたけた端倪《たんげい》すべからざる人物で、貿易の利を期待してキリスト教を許した」といった。以後五年間に信者は五百人を数えた。そのうちに松浦氏の一族で重臣の籠手田安経《こてだやすつね》がいる。

天文二十年にイエズス会は本拠を豊後の府内に移すが、その後は、平戸への南蛮船の入港時に豊後から平戸へ出張して乗員の告解に預かり、また一般の布教もおこなった。トルレスは一五五三年にはガゴ神父、一五五六年にはフェルナンデスとパウロを、一五五七年にはヴィレーラ神父を平戸へ派遣した。ヴィレーラ神父は籠手田安経に相談した。安経は自分の家族と家臣、自領の農民を改宗させ、寺を会堂に変え、墓地を造り十字架を立てた。さらに、一族の領地である生月・度島、平戸の獅子・飯良・春日で説教を始めた。しかし、ヴィレーラが度島で神仏の像を焼却したことから仏僧の反発を買い、上訴された。松浦氏は処置に困り、ヴィレーラを説諭《せつゆ》して一五五八年に退去させた。平戸城下の会堂は閉鎖された。

永禄四年（一五六一）六月、トルレスはアルメイダを平戸・度島・生月に巡回させ、宣教の修復に勤めさせた。しかし、同年、平戸の宮の前で、ポルトガル商人と平戸の人の間で綿布取引をめぐる諍いが起り、結果的にポルトガル船長フエルナン・デ・ソーサと十三人の船員が殺害された。両者の間は険悪となった。

翌年、この仲介のため、トルレスは平戸に向かい、ポルトガル人の意見を徴《ちょう》した。しかし、和解交渉は難行した。平戸領主はポルトガル人を殺害した犯人を処分せず、平戸における神父らの身の安全が危ぶまれた。トルレスは策をめぐらし、かねてから大村の領主からイルマンの派遣を求められていたので、鹿児島から豊後に帰っていたアルメイダを呼んで、平戸領に隣接する大村領内を探索させた。平戸に替わる良港を得るためである。一五六二年七月頃である。

アルメイダは大村湾の進入口の西北端にある寒村横瀬浦を候補地にあげた。トルレスは大村氏の重臣朝長伊勢守純利を介し、領主大村純忠から布教の許可を得た。純忠はイエズス会に教会用地を横瀬浦内に与え、その建設を許可した。また貿易についてはポルトガル人に、この地での交易の利益に対して十年間の免税を認める特典を施した。

大村純忠は授洗し、ドン・バルトロメウと称した。日本人最初のキリシタン大名である。キリシタンとなった純忠は盂蘭盆会を廃止せんとし、大村氏先代の位牌に香を焚く代わりに位牌そのものを焼いてしまった。陣中にあっては、頸に十字架をかけ、多くの神社、仏閣をこわした。多良岳の金泉寺も焼かれた。これを契機に大村氏の家臣、地区の住民のキリシタンに改心するものが増え、ポルトガル船は平戸を避け、横瀬浦に定航した。いきおい貿易をめざし、各地から商人らが横瀬浦へ参集した。平戸からの移住者も増えたが、大村領内では殿の行いに反感を持つ者があい半ばした。横瀬浦は遠くは堺・京都からくるもの多々で、急速に繁盛した。一五六三年六月頃のことである。

大村純忠の授洗と横瀬浦へのポルトガル船の寄港の情報は島原にも伝えられた。有馬晴純仙巌の長男で当主の有馬義貞が、トルレスのもとに使者を遣わし、伴天連の来訪を求めた。トルレスはアルメイダに三人の日本人通訳をつけて派遣した。

アルメイダは有馬氏の本拠有馬の日野江城で有馬義貞と会い、聖なる洗礼を受け、デウスの十誡を守るよう宣教した。

ついで、アルメイダは安富入道得円を訊ね、それから口之津へ足を伸ばした。ここは義貞が、教会を建てたいならば許可を与えるし、希望するものには切支丹になることを許すと宣言した所であった。ここでアルメイダは二五〇人に洗礼を授けた。こうしたアルメイダの一連の折衝は好意をもって受け入れられた。

次の島原行は三度目にあたる。この時は仏僧の反対にあうも三百人ほどが授洗した。

ついで口之津に下り、口之津湾の左岸に教会を建てた。その背後の山に十字架を建てた。一七〇人が授洗した。

同年八月頃、横瀬浦では事件が起った。切支丹の増加と純忠のやり方に不満をもつ仏僧、家臣の一部が、武雄城主後藤貴明をかつぎあげて謀反をおこしたのである。貴明は純忠の養父大村純前の庶子である。貴明には養子純忠に家督を奪われた憾みがあった。貴明は隣国の諫早の西郷純堯、そして貿易港を奪われた平戸松浦氏に加担を呼び掛けた。横瀬浦奉行もこれに加担。相奉行のキリシタンとなっていた朝長純安を殺害、横瀬浦の町は放火され、教会も焼尽した。ポルトガル人は襲撃をうけ、貿易品は略奪され、諸国からの商人らは霧散した。領主大村純忠は逃亡、行方をくらました。

司祭らは豊後の商人に捕らわれた。彼らはポルトガル船に商品代を先渡ししていて、商品を受けとっていなかったから、その人質に司祭らを拘束したのである。

八月二十五日、豊後にいたアルメイダは横瀬浦の事変を聞くと、直ちに同地に向かった。肥後の高瀬で大村純忠が生きていること、横瀬浦の教会は焼かれ、伴天連は一人もいないと知らされた。島原で足止めをくい、横瀬浦についたのが九月二十日であった。横瀬浦の沖の船上でトルレスとアルメイダは喜びの抱擁をしたことであろう。おりしも、島原のドン・ジョアンと名のる武士が、トルレス探索のために横瀬浦にやってきた。ドンと称するからには有馬氏の一族であろう。

このジョアンの船で、トルレスはアルメイダとコンサルベスを伴い退去し、島原に渡り、ジョアン宅で八日間養生し、肥後の高瀬に渡海した。ここで、アルメイダを豊後に帰し、自分は留まった。トルレスはなお回復せず、養生が必要であった。当時、高瀬は大友氏の勢力圏内であったが、切支丹を外護するものなく、一向宗の勢力が強かった。トルレスの一行は彼らから居住地を追い立てられた。寒気と降雪に悩まされてさまようちに、篤信の農民に海浜の藁葺の納屋を宛がわれた。生計にことかく忍従の日々であった。永禄六年末から翌年にかけてのことである。

豊後に戻ったアルメイダは、臼杵に大友義鎮を訊ね、トルレスの現況を報告した。義鎮は直ちに肥後高瀬の代官に宛、トルレスらの保護と同地での切支丹を希望するものに許可をあたえる旨、イルマンに書状をもたせた。同時に有馬晴純に宛、トルレスらの処遇を安堵するよう、また布教の自由を与えられるよう要請した。

晴純は伴天連が自領に戻られるなら歓迎する旨を申し送った。慎重なトルレスは自分にかわり、アルメイダを島原に遣わした。晴純はアルメイダに歓迎の弁を述べた。

「口之津港はキリシタンたちのものである。すでに四五〇人ばかりが住んでいる。伴天連はそこに行くがよい。わしが、戦で勝つて戻ってくるまで、伴天連がその地に留まっておるがよい。……居住できるよう地所と家屋をあたえよう」

トルレスはアルメイダからの報告を得て、さらに大友義鎮の同意を得たうえで、高瀬から口之津に赴いた。

横瀬浦の事変は平戸にとって幸いした。平戸領主は宣教師追放をしたわけではなかった。一五六四年八月、ポルトガルのペドロ・デ・アルメイダの船が再び平戸に寄港した。同年十一月、平戸城下に「みはらみのサンタマリア」会堂、別名天門寺が落成、フロイスとフルナンデスが新来の宣教師五人とともに常駐した。しかし、領主隆信の嫡男鎮信の教会の下僕に対する侮辱事件が発生、宣教師らの気持ちは一挙に冷え込んだ。トルレスは事態の悪化を懸念し、アルメイダ船長に、以後、平戸入港をさけるよう指示した。よって翌一五六五年、ジョアン・ペレイラのポルトガル船は大村領西彼杵半島南辺の福田に入港した。

平戸の松浦隆信は、ポルトガル船寄港地を大村氏に奪われたと憤慨した。当時、平戸に入港していた堺の商船八艘の大船を味方に、小船七十隻にて福田港のポルトガル船の捕獲、商品の略奪を企んだ。

海戦は松浦軍の惨敗に帰した。ポルトガル船側の死者八人、松浦勢死者八十人、負傷者二二〇人であった。

一五六五年十二月、トルレスは口之津に宣教師を招集した。福田からフイゲイレド、島原からアイレス・サンチェスが来た。口之津にはアルメイダのほか、修道士の了西ロレンソ・ダミアン・パウロ養方軒がいた。

議題は各地の情報と今後の布教方針であった。アルメイダは、京都派遣を終え、今度は五島派遣を命じられた。

一五六六年（永禄九年）二月二十八日、有馬晴純は死去し、有馬の台雲寺に葬られた。八十四歳であった。法名は不受院殿月叟雲大禅伯である。彼はキリシタンにならなかった。しかし、五人の息子の内、三人がキリシタンになった。すなわち有馬義貞アンドレス・大村純忠バルトロメウ、松浦盛は非改心、千々石直員は非改心、志岐諸経はのちに改心したが洗礼名は不詳である。

志岐城主志岐鎮経《しげつね》（麟泉）の亡妻は有馬氏九代有馬尚鑑《ひさあき》の娘である。一説によれば、尚鑑は有馬氏八代有馬貴純が没した時、その嫡子晴純が十二歳の幼少であったため、島原氏から養子として貴純の家督を継ぎ、九代晴純が成人のあと家督をつがしめる約束であったという。はじめ島原越前守尚饒と称したという。

さらにいえば、晴純の五男諸経が志岐鎮経と亡妻との間に子なきをもって、鎮経の養子となったので、鎮経は晴純の縁戚であり、かつ亡妻の父が尚鑑であることで複雑で親密な関係を有する。なお尚鑑の長女は大村純忠の養父大村純前に嫁した。また、晴純の二男純忠は大村純前の養子として大村氏を継いだ。

したがって、志岐鎮経にとって、有馬氏の動向は常に関心の的であった。よって、口之津におけるイエズス会の活動は注目に値するものであった。

鎮経はたびたび日本布教長トルレス宛に書簡を送り、宣教師の派遣を要請した。一五六六（同九年）トルレスからようやく応諾の回答を得た。アルメイダ修道士を派遣するという。

アルメイダは五島の布教から口之津に帰り、病に臥していた。二十日ほどの養生で回癒し、トルレスから志岐へ行くよう命じられたのである。寧日《ねいじつ》なき行動といわなければならない。布教の要員が不足していたのである。

同年晩夏、アルメイダは日本人修道士兼通訳ベルショールを伴い、口之津から早崎瀬戸を渡り、四里ほどの志岐に赴いた。志岐鎮経は歓迎の辞を述べ、早速志岐城内の大広間で、家臣らともども説教を拝聴するという歓待ぶりであった。

最初の説教を聞いたあと、鎮経は家臣に向かって、修道士の話は真理であると誉め、まだこれを聞いていない家臣に説教を聞くように要請した。頃日、鎮経はアルメイダにささやいた。

「予に洗礼を授《さず》けられたい。しかしこれは内緒である。なんとなれば、もし予が先立って異国の宗教を奉ずるのを見れば、さきに大村の殿がこうむられた反乱を、家臣どもがおこすかも知れない。されば修道士殿にもよいことではあるまい。よって家臣どもがキリシタンになったあとで、予の授洗を公にするつもりである」

「そうではありません。当職としては、御殿こそさきに授洗を公にされるべきと思います」

アルメイダとしては、ザビエル以来、新地でデウスの教えを広めるためには、下層の民衆から始めるのではなく、当地の主人から先に洗礼を得せしむることが不分律であった。

「そうであろうか」

鎮経は憮然とした。アルメイダは当主の人物に疑念をいだいた。宣教のかたわら、当主の本心を探り、その性格を見極めた。

彼は六十歳をこえた老人に見えた。実際は五十六歳である。裕福で、しかも勇猛果敢な人柄で天草のどの地域でも畏怖されている。また、富むためには容赦をしない。陰謀や策略に巧妙で、偽ることとすらある。熱心な仏への奉仕者で、こころから仏という悪魔に献身しているようである。

至って辛い受取りようである。別の見方もある。

平戸、あるいは横瀬浦、ついで福田へのポルトガル船の来航はその地に莫大な利益を与えたことはまぎれもない。自分がキリシタンになれば、宣教師やポルトガル人に恩義をきせることになって、常にポルトガル船が自領にやってきて、志岐に繁栄をもたらすことができる。よってデウスのことを理解しているかのように装って、洗礼を望んだのであろう。

アルメイダは当主の評判の裏腹に迷い、しばらく様子をみた。ついに、気のおけない家臣複数に、本当のところを訊ねてみた。彼らは答えた。

かつて南蛮寺(教会)があったとされる正覚寺(天草市提供)

「殿を動かしているのは、キリシタンになりたい一念からでござる。殿は談話の間にも、デウスの教えを弁護しておられる。それゆえ殿ははやく授洗なさるべきである。なんとなれば、それによって、もう改宗したものは、勇気つけられるし、まだ授洗していないものは、容易にキリシタンになれるからである」

すでに、回心を決心したものは五百人を数えるにいたった。志岐氏は教会建設を容認した。

九月下旬、アルメイダは福田に転勤の通知を受けた。彼にはなお残されていた宿題があった。あわただしく志岐鎮経に洗礼を授けた。洗礼名はドン・ジョアンである。同時に十二人にも洗礼を授けた。しかし、志岐氏の養子諸経《もろつね》は授洗しなかった。アルメイダは諸経にあったときの印象を記している。

「この青年は甚だ上品にして、直ちに身分あるを認むべく、またドン・バルトロメウ（大村純忠）の兄弟なりしをもって私は大いにこれを愛し、キリシタンとなさんと欲したり」

諸経が志岐氏に養子としてはいったのは十二歳のときである。アルメイダはこれを心残りに志岐を去った。諸経が切支丹になるのはこの二十年後のことである。

アルメイダの後任はアイレス・サンチェズ修道士である。サンチェズは、一五二七年、ポルトガルのヴィアナの生まれで、一五六一年来日後、イエズス会にはいり、府内で生徒に読み書きを教え、聖務日課では歌やビオラを教えていた。

府内での経験を生かし、教会内に少年聖歌隊を編成した。布教は順調であった。のちに日本人修道士ベルショールの補助に来たガスパル・ビレラ神父の協力もあって、袋浦に百人、志岐に八十八人、さらに野母の樺島の三百人に洗礼を授けた。

ビレラ神父が平戸に去ると、志岐領主は手狭になった教会を増築した。これを見た近所の信者らは、寺を破壊して、その一部を建築資材として教会に寄贈した。教会の前にあった寺庵の僧は、デウスの教えの威大なるを感じとり改心した。シメアンと称した。

一五六八年（永禄十一年）、布教長トルレスは諸王の祝日を志岐でお祝いするため、修道士ミゲル・バズを志岐へ遣わし、本人は割礼の日（降誕日の八日）志岐に来て、志岐鎮経、地域の信者らの大歓迎を受けた。翌年の四旬節に至るまでに三百人を授洗した。

一五六九年七月一日、ポルトガル商船が中国より志岐に来航した。エチオピア総大司教が教皇の命令で、アレキサンドレ・パラレッジョ神父を派遣したものである。パラレジョは、前月の六月二十六日、ドン・ジョアン・ペレイラの定航船で福田に来航していたものである。

新来の神父らは少年聖歌隊の合唱のもと盛大に歓迎された。トルレス・バズ・アルメイダらは、当地方の有力な働き手の増加に喜びあった。なかんずく、言葉にはあらわさなかったが、志岐領主の期待は大きく膨らんだはずである。なぜなら、待望の南蛮船の最初の志岐への到来であるからである。

正覚寺内に残るキリシタン墓碑（天草市提供）

同月半ば、トルレスは近隣の宣教師、修道士らを志岐へ招集し、協議会をもった。フィゲイレド・コスタ・ヴィレーラ・バラレッジョの神父四人、アルメイダ・ヴァズの修道士二人の都合六人である。

会議は二週間を費やし、今後の布教方針の確認と教理問答の整備であった。最後に異動が予告された。ヴィレーラは福田へ、コスタは平戸へ、バラレッジョはヤコメ・ゴンサルヴェス修道士とともに五島へ、不参加のモニテイは休養のため口之津へ、これにはアルメイダがつきそうこと、トルレスは治安を回復した大村純忠に会うため大村へ行くことなどであった。また、五島にいたバウチスタ神父は、豊後のフィゲイレドの後任に充てる予定が天候不順で堺にいけなくなって豊後に留任、よって口之津にいくことになった。

こうするうちに、口之津に行ったアルメイダが腕の腫れもののため、危篤におちいったとの報が寄せられた。バラレッジョとバズ修道士は、トルレスの命により夜航の急便で口之津へ向かった。二日後、二人はアルメイダがやや持ち直したので、志岐に帰り、復命した。トルレスはアルメイダの見舞いのため、口之津行きの許可を志岐鎮経に請うた。領主はトルレスの老体を懸念し、引きとめた。トルレスは答えた。

「たとえ命を失うとも、アルメイダの命を救うことを得れば、悔はない」

「布教長たるもの、さもありなん」

領主は納得した。トルレスは聖母の祝日（九月八日）の午餐後、口之津へ行くと称して乗船したが、行く先は大村であった。かねて大村純忠より招聘されていたのである。

永禄十二年（一五六九）四旬節（荒野におけるキリストの四十日間の断食）の初日、大村にいたアルメイダは、トルレスの命により天草の河内浦へ派遣された。領主天草鎮尚《しげひさ》が、志岐にアルメイダが来た三年も前から、トルレスに説教師一人の派遣を請うていたからである。

河内浦一帯には三十五の村落と集落があり、本城のほかに三つの支城があった。その他、別格として本砥城があった。

アルメイダは天草氏の家老に迎えられ、殿の館に近い一寺院に宿を与えられた。領主との謁見は儀礼的なものであった。殿の挨拶に熱意がないのである。二十日ほどののち事情が分かった。天草氏がトルレスに宣教師派遣を要請したのは領主ではなく、一家老であった。アルメイダは殿の心底をさぐるため帰還を申し出た。以外な申し出に殿は困惑した。アルメイダはいった。

私がもっと御地に留まることを思し召しならば、つぎの五カ条をお守りくださ い。

一、殿ならびに諸城主の名による一通の書状を賜り、それを領内でデウスの教えが宣布されることを喜ぶ旨、記していただくこと。

二、殿ご自身、八日間、私たちの説教を聴聞されること。

三、殿がデウスの教えが立派であると思し召されたならば、御子息の一人に洗礼を受けさせて、キリシタンたちがその方を頭にいただくようにしていただくこと。

四、殿ご自身がおられる河内浦の地に教会を建てさせ、殿がそのため適当な地所を提供されること。

五、殿は、この殿のおられる所から志岐に至るまで七里の沿岸において、聴聞した後キリシタンになりたいと思う人びとがキリシタンになってよいとの明白な許可をお与えなられること。

この地域とは志岐の南、都呂々から下島の沿岸、下津深江・高浜・大江・崎津・今富それから河内浦と連続する地域である。また、鎮尚には四人の子供と二人の弟がいた。

鎮尚はすべてを聞きいれた。十日の説教のあと、家老とその身内、家臣五十人ほどが受洗した。家老の洗礼名はリアン（日本名不詳）である。ついで、リアンの義父が一二〇〇人の身内とともに授洗、天草氏の家臣もこれに続いた。修道士の郊外への説教につれ信者は四百人以上も増えた。

ついで、アルメイダは領主が南蛮船の到来を希望していることを察した。インドからの来航を想定して、領内の適当な港を探った。案内人に導かれ一寒村崎津に赴いた。そこは良港であった。アルメイダは商品や船舶の安全を期するため、港の北側の山地に一城を築くことを提案した。水の便がないので大きい水槽二基を設置させ、防備のため中国製の小砲を配置し周囲に柵を巡らした。

河内浦の教会堂の建設途上に、アルメイダは反対派の妨害にあった。仏僧と領主の二人の弟、刑部大輔と大和守が結託し、家老リアンを亡きものにすればアルメイダが去っていくだろうと企み、念のため領主に予告した。鎮尚は拒否し、直ちに家老リアンに内報した。リアンは鎮尚の好意を謝すも逃亡せず、かえって一族郎党に集結を呼び掛け、つまるところ六百人ほどが、弓矢、鉄砲を携え、家老の屋敷に立てこもった。

一方刑部らは、夜中数百人をもって家老の屋敷を包囲し、使者に仏僧をたて、キリシタンをやめるか立ち去るかを迫った。家老は、殿の許しがなければ退かぬと突っぱねた。刑部兄弟は領主に強弁して家老の追放を要請した。鎮尚は家老を呼び出し、争乱を憂い、避難を求めた。家老はアルメイダに相談すると答えた。五日後、アルメイダの案内で河内浦を去った。家老の妻子、郎党ら五十人が同伴した。行く先は口之津である。

一方でアルメイダは、豊後の王、九州探題大友義鎮宗麟に天草氏への支援を求めた。義鎮は宣教の自由と天草鎮尚の安堵を保証する旨を鎮尚に通告した。ちなみに天草鎮尚の鎮は、大友義鎮の鎮を頂戴したものであろう。天草氏は大友氏の傘下にあったのである。

天草市本渡の眺め

鎮尚はこれを家臣一同に見せ、アルメイダの説教を復活させた。説教は二十五日続行され、これを聴聞したものは五百人に達した。刑部兄弟は鎮尚の翻意を憤り、アルメイダの追放を強要した。鎮尚はこれもまた拒否した。刑部兄弟は別の工作をした。薩摩の三公に支援を求めた。薩摩当主島津義久、薩州島津義虎、相良城主相良義陽である。彼らはいずれも反キリスト派である。かれらはデウスの教の広まることを許さず、阻止せんことを予告してきた。これら刑部らの動きを案じた鎮尚は、懸念するアルメイダに自分の気持ちを伝えた。

「予がおのれの生命をおえるか、または領内あげてキリシタンになるか、どちらかじゃ。非観しておらぬ」

事態を憂慮したアルメイダは、大村にいた布教長トルレスに報告のため外出を中し出、鎮尚は送別の宴をはり、アルメイダに河内浦再来までにはみずから授洗する旨のほか、長子、二人の重臣を入信させ、宣教の自由とアルメイダの行動範囲として十六カ所の部落を委ねる保証書を交付した。

アルメイダは二人の修道士に新装なった教会を託し、大村に向かった。アルメイダから報告を受けたトルレスは、直ちにアルメイダを豊後に派遣した。大友義鎮に謝意を示すためである。

その間、河内浦はまた、天草刑部らのほしいままにするところとなった。軍兵をもって河内浦城を包囲し、残された修道士ベルショールら二人の追放を鎮尚に強要した。さもなくば、鎮尚の生命を保証しないという。鎮尚は観念し、ベルショールらを口之津へ避難させ、アルメイダへ急報した。

「予のため、豊後の国主にとりなしを頼む。自領においてデウスの教えを広めるには、豊後の殿の書状がおおいに役立つものである。願わくは、豊後の国主におかれては、予らにあてらるとともにに、九州探題として予の敵どもにあて御一報を賜りたい」

一夜、鎮尚は妻子、少数の家臣ともども城を脱出し本砥城に逃亡した。城主は鎮尚の妻の弟天草弾正種元である。

アルメイダは急遽この旨を書面にして、一キリシタンに託して豊後へ派遣し、後から自分も豊後をめざした。

大友義鎮は、島津氏らに宛て寛容を求める書状を数通認め、家臣に持たせた。同時に、天草鎮尚に対し、領土の回復を支援することを約し、アルメイダの天草復帰を期されんことを付け加えた。

本砥城址内にある石柱（天草市提供）

たまたま、アルメイダは豊後の日田にいたる一日前、島津氏に向かう大友の使者に会し、大友義鎮の好意ある処置を承知した。義鎮は日田に出張っていたのである。
天草刑部らは鎮尚を本砥まで追わなかった。河内浦城を占拠し、その南方の支城久玉城一帯を掌握した。
鎮尚は五、六カ月ほど本砥に逼塞した。その間、志岐鎮経に救援を求めた。天草氏は元来志岐氏とは不仲であるが、名分を考えるときではない。大友氏の斡旋もあったことであろう。事の成就の代償として、自領の一部を提供することで志岐氏の了解を取り付けた。本砥に近い五領の地であろう。
志岐鎮経は諸経に五百の兵をつけて本砥へ派兵した。鎮尚は口之津から家老リアンを呼び戻し、天草種元の兵を加え、総勢千余の軍兵をもって河内浦を目指した。南下するうちに鎮尚の旧臣らが馳せ参じ、総勢は一五〇〇を越えた。

天草刑部から援軍を求められた薩州島津義虎の兵が久玉へむけて出船の用意をする間に、刑部らは敗退し河内浦城を放棄、久玉城に引き籠もった。鎮尚は深追いしなかった。河内浦の守りを固め時期を窺つた。刑部らは島津・相良氏の庇護のもとに、数年久玉城にとどまった。

久玉城主久玉氏については次の経緯があるが、詳しいことはわからない。

貞永二年（一二三三）天草種有の譲状に次の記事がある。

……ひらうら（平浦）、うふしま（産島）ハ又太郎入道にゆづり候ぬ（以下略）

この平浦は「牛深の深海の下平」と「河浦の上平」のことで、これに加えて産島を種有の長男又八郎に譲るといっている。天草下島の南部一帯である。のちに深海を除いた河浦の上平と産島、つまり久玉周辺を天草氏の支族久玉氏に分領させた。

天文元年（一五三二）頃、天草氏当主天草尚種は久玉氏と宮地氏の所領を天草氏に併呑させた。

元亀元年（一五七〇）、布教長トルレスは大村から長崎の諸聖人教会に移住した。この教会は長崎の鶴城主長崎甚左衛門が用地を提供し、ヴィレーラ神父によって建てられたものである。おりしも、大友義鎮は龍造寺隆信と肥前小城で交戦しており、その戦火が大村に波及することを恐れ、大村純忠が指示したものである。

この教会を大村純忠が訪れ、トルレスと密談を交わした。用件は二件である。

一件は、純忠が大友義鎮に大村領併呑の野望があることを懸念し、打開策を相談した。これをトルレスは、大友義鎮との友好な関係の中で、懸念ないと聞き知っており、問題ないと応じた。

あとの一件は、福田港のことである。同港は外来船の寄港には手狭で、外洋に面して風あたりも強く、船着もよくないことが悩みの種であった。そのため、トルレスは内々にフィゲイレド神父にいい含めて、他の良港を探らせていた。寒村長崎を懐く長崎湾が適当であるとフィゲイレドは報告し、これをトルレスは大村氏に相談していたのである。

この件に関しては、さきに志岐鎮経が志岐への南蛮船定航を希望していたことを、トルレスが配慮したかどうかは不明である。

福田は大村領内で福田忠兼が城代として領地していた。大村純忠としては、領主といえども独断で決することには遠慮があった。福田氏を説得するのに時間を要した。

福田氏は、平安末期の治承四年（一一八〇）、平兼盛が九州肥前国老手・手隈の定使職に任じられて下向、討ち死にのあとを弟兼信が家督をつぎ土着した。その地を福田と名づけ、福田を自称したものである。

大村氏は、文治二年（一一八七）、源頼朝から肥前藤津・彼杵荘の地頭職に補任された。この代に兄弟が三人あり、長兄経純が遠江権守として高来郡有馬に居した。有馬氏の祖である。二男丹後守忠澄が大村に居住した。大村氏の祖である。三男兵部澄則は薩摩に居住した。

大村氏は戦国時代に、藤津郡を有馬氏に奪われ、彼杵郡一郡を確保することがやっとであり、その後、龍造寺氏の台頭があり、その脅威にさらされた。そうした中で、福田氏は大村氏に従い、生き延びることになったのであろう。

大村純忠は福田忠兼を説得し、南蛮船の寄港地を長崎に移すことを承知させた。のちに純忠は自分の娘を忠兼の息子兼親に嫁にやった。

トルレスは大村純忠の好意に感謝した。これで日本における自分の役目は終わったと感じたことであろう。異国の風土と老齢はトルレスの肉体を消耗させていた。布教長の職を退くことをインドの本部へ予告し、聖者マリア・マグダレナの祝日に総告解をし、聖体を拝領した。

同年西暦六月十八日、志岐にエステヴァン・レイテのポルトガル船が入港した。フランシスコ・カブラルとオルガンチーノ神父が上陸した。インド管区長クアドウロスによって派遣されたものである。カブラルはトルレス布教長の後任であった。

新布教長は志岐で宗教会議を招集した。京都にいたフロイスとロレンソをのぞいて、日本における全部の神父が参会した。勿論トルレスも長崎から出席した。

議題はつぎの通りである。

カブラルは日本布教長兼インド管区副管区長であること、澳門と日本の間に往来するポルトガル船に手を出さぬこと、イエズス会員は絹の僧服を着用しないこと、日本各地の神父居館に適切に神父を配分すること、トルレスとカブラルの適切な交代を期すことなどであった。

会議終了後、志岐教会にはトルレスのほかに、ミゲル・ヴァズとヤコメ・ゴンサルヴェスが残った。神父らはそれぞれの任地に去った。ジャン・バチスト・デモンは豊後へ、バルタサール・ロペスは口之津へ、アコスタは平戸へ、フィゲイレドは大村へ、オルガンチーノはフロイスの補助として京都へ、そして新任の布教長はアルメイダの案内で各地の教会を歴訪した。

九月下旬、トルレスは重体を押して住院から教会へ参り、改めて告解をし、最後の聖体の秘跡を受けた。随侍するものは、二人の修道士とインドへ帰るため居残ったヴィレーラであった。二日、トルレスは介添えの三人へ祝福を与え、昇天した。六十二歳であった。四日、志岐鎮経はトルレスの葬儀に生花を献じ、冥福を祈った。大勢の白衣のキリシタンが野辺の送りに参道した。

おりしも、志岐の港にはヴィレーラ神父を迎えるエステヴァン・レイテのジャンク船が碇泊していた。頃日《けいじつ》、その船員四人が、町内の阿弥陀堂に無礼を働いた。これを見咎めた番衛が口論の末、船員三人を殺害、一人は逃げた。船長は志岐氏に犯人の引き渡しを求めた。志岐氏は非は船員にあるとして応じなかった。

同月二十日、事件は未決のまま、ジャンク船はヴィレーラを乗せて出航した。

翌元亀元年の夏、トリスタン・ヴァズ・ヴェガの船が長崎に初入港した。これを伝え聞いた志岐鎮経は敗北を感じたことであろう。頼みのトルレスはなく、南蛮船の寄港地は長崎に奪われたのである。さらに、河内浦での仏僧らに押された天草氏兄弟の騒乱がある。仏僧らの意はこれを無視すべきではない。

鎮経は一寺の建立を思い立った。ここ数年、キリシタンの援助にかまけ、亡妻の供養を放棄していたのである。城下の一隅に寺地を与え、建立にかかった。ところが多くのキリシタンが、寺普請の公役に従わなかったのである。家臣のガスパル（日本名不詳）がこれの音頭とりであった。

志岐氏はガスパルを召喚して諭した。しかし、ガスパルは公役に応ずるは悪魔に魂を売ることであり、死すとも従わぬと拒否した。志岐氏はガスパル親子を修道士二人とともに追放した。教会は廃され、少年聖歌隊は解散させられた。当時、志岐のキリシタンは二千人ほどである。大半が沈黙した。長崎の寒村に逃れたガスパルとディエゴの親子は、のちに誰からともなく探知され、殺害されたという。

阿弥陀寺の完工に際し、志岐鎮経は五輪塔を寄進した。

志岐での第二回宗教会議のあと、アルメイダは新布教長の挨拶まわりに従った。肥前樺島から福田、ついで長崎から大村へ巡回した。カブラルは大村純忠を訪問し、その夫人と息子に授洗した。息子の名は喜前《よしあき》で三歳であった。ドン・サンチョと称した。

ついで本砥に赴いた。天草鎮尚がアルメイダの再訪を待っていたからである。鎮尚は河内浦から本砥まで出向いて、カブラル一行を迎え入れた。宿舎は寺院であった。さすがに仏像は取り払われていた。

数日後、カブラルは同寺で説教した。鎮尚のほか、城主種元、家臣、それに河内浦から家老リアンも来て聴聞した。

カブラルの布教が広がるさなか、地元の寺院に関わるものが、キリシタンは邪宗なりとして中傷し始めた。本砥には来迎寺、洞慶寺、円覚寺があった。とくに円覚寺は志岐鎮経の支族の創建になるものである。

ひとつには、カブラル側にも責任があった。カブラルは尊大で、日本の風習をかえりみなかった。すなわち、肉食を改めず寺院内に高い机を用意させ、ナプキンを用い、西洋の様式に拘泥した。トルレスが日本の粗食に耐えた姿勢とは大違いであった。厨房には油の異臭が立ちこめ、これに従事する日本人の嫌悪を招いた。

カブラルは案じた。志岐の領主がポルトガル船の来航を得るため、偽ってキリシタンになり、その実現が見込めないとなるや、再び異教に立ち返ったのは、悪魔を拝まんがためである。天草の領主が説教を聞いたあと、いまに至るも受洗しないのは志岐氏と同断であろう。カブラルは天草氏を見限った。本砥出発を鎮尚に申し出た。鎮尚は驚き、本心はそうではないと弁明し、カブラルを河内浦城に招いた。本砥到来から三カ月後のことであった。鎮尚は授洗し、ドン・ミゲルと称した。一子久種も受洗した。ドン・ジュアンと称した。十八歳であった。

この授洗には、仏僧と鎮尚の妻、つまり久種の母が反対した。久種を除く三人の息子と家臣の大部分はなお改心しなかった。

カブラルが豊後に向けて出発するに先立ち、久種はカブラルに告白聴聞を願った。洗礼後すでに十二日も過ぎ、洗礼前の罪は許されているから必要ないとしてカブラルは断った。しかし久種は、教父出立後に何事の起こるやもしれず、その時の罪の事前に許されることを求め、改めて告白を申し出た。この熱意にカブラルは応じた。

島津氏の興隆

島津氏

島津氏は、初代忠久《ただひさ》が源頼朝より薩摩・大隅・日向三国の守護職に任じられたのに始まる。しかし、程なく比企能員《ひきよしかず》の変に連座し、大隅・日向の守護職を剥奪《はくだつ》された。三代の久経《ひさつね》が元寇の役に際し、薩摩に下向して、薩摩定住化が始まった。それまでは、幕府の御家人の常として、当主は鎌倉に住し、薩摩の差配には一族、家人を派遣した。四代忠宗が島津氏として、最初に薩摩で亡くなった。墓は出水の感應寺である。

五代貞久は後醍醐天皇の鎌倉幕府討幕運動に加担、九州の御家人とともに鎮西探題を攻略。鎌倉幕府滅亡後、大隅・日向の旧地の守護職を回復された。しかし、貞久の嫡男宗久《むねひさ》が早逝。三男の師久《もろひさ》と四男氏久《うじひさ》に、それぞれ薩摩・大隅の守護職を分与した。師久は陸奥守に任じられていたから、同家を奥州家、氏久は上総介に任じられていたから、同家を総州家と称した。

総州家の伊久《これひさ》とその嫡子守久との不和が起り、これを調停した七代元久（奥州家）に恩義を感じた伊久は薩摩の守護職を元久に譲った。しかし、元久に嗣子なく、元久没後、西薩伊集院の伊集院頼久が元久と親戚であることを利して自子を本家当主に据えようと画策した。元久の弟久豊が急遽元久の位牌を奪って、八代当主に就任、伊集院側と内紛となるも、これを制圧、また総州家をも滅ぼし、ここに島津本家は安泰となった。

九代忠国《ただくに》の代に、弟用久《もちひさ》との間に対立が生じた。すなわち、永享四年（一四三二）、国衆一揆に際し用久を守護代に任じ処理させた。これにより、用久の人望があがって忠国と不仲になった。嘉吉元年（一四四一）、六代将軍足利義教《よしのり》の弟（三代将軍義満の子でもある）大覚寺義昭僧正尊宥《そんゆう》が将軍義教《よしのり》を殺害せんとし、その謀反のかどで日向国に逃れた。幕府から追討を命じられた島津忠国は新納近江守忠継ら五将を派遣し、日向国福島（串間）の永徳寺で自害せしめた。その首を京都に送って将軍義教から琉球を加封された。これにより、忠国の立場は有利となった。用久と和解後、忠国は用久に別家を立てさせた。用久が薩摩守に任じられていたから、薩州家を称した。主として薩摩の出水地方を本拠とした。

十代立久《たつひさ》—十一代忠昌《ただまさ》—十二代忠治《ただはる》—十三代忠隆《ただたか》—十四代忠勝《ただかつ》と島津宗家は衰退の一途をたどった。

九代忠国の曾孫忠良（伊作島津家）の子貴久《たかひさ》が宗家の養子としてはいり、十五代当主を継承、島津氏の統一がなった。あとを継いだのが現当主十六代義久《よしひさ》である。永禄九年（一五六六）貴久は伯囿斎《はくゆうさい》と号して隠居、長子義久が守護職となった。ときに義久三十四歳、弟義弘三十二歳であった。

当時、日向国は佐土原城を本拠とする伊東義祐の支配下にあった。伊東四十八城といわれ、その武威は侮りがたいものがあった。

これより先、永禄三年、島津義弘は伊東氏と抗争中の飫肥《おび》城主島津忠親《ただちか》の要請で、彼の養子となり、三年間、飫肥に在城した。その後、伊東義祐は肝付兼続《きもつきかねつぐ》と連合して、飫肥城を陥れた。義弘は薩摩の飯野城へはいった。

元亀三年（一五七二）五月、伊東勢は三千の兵をもって、小林の三山城を拠点として、二軍に分かれ、一軍は飯野の抑えとし、一軍は夜半島津義弘の夫人の支族川上忠智が守る加久藤《かくとう》城を急襲した。これには相良義陽勢も加わっていた。島津の城兵は三百余である。伊東勢は暗闇のなかで誤って山伏の樺島常陸坊の屋敷を襲うなど、地形も分からず攻め入ったため攻撃は難渋した。

飯野城にいた島津義弘は、間諜によってすでに伊東軍の動勢を探知していた。義弘は城を有川貞真に託し、兵三百をもって加久藤城の救援に向かった。

夜明け近く、吉松方面からの島津の援軍と飯野からの義弘の援兵で、城兵も勢いづいて、防戦これ努め、ついに伊東勢は勇将米良筑後守ほか十三人が戦死、飯野川（川内川）を渡って池島方面へ敗退した。

後退を続ける伊東勢は、池島村の木崎原で追撃する島津勢、これに大口城の新納忠元らの援軍に摑まり激戦となった。島津勢はわずか二、三百の人数をもって日向の主力と戦い、これに壊滅的打撃を与え、伊東氏の薩摩への進出と日向の覇者たる面目を無残に打ちひしいだ。

島津氏の薩摩・大隅・日向の守護職の面目はようやく回復することとなった。

元亀四年（一五七三）、志岐鎮経麟泉は昨年来続けてきた天草鎮尚とその弟、久玉城の天草刑部・大和守との和解の仲介をし、これをまとめた。和解の条件は刑部兄弟が兄鎮尚に無断で占拠していた久玉城を明け渡し、兄に無償で返すことである。そして天草刑部は相良氏を、天草大和守は大矢野氏を頼み、落ちて行った。

これにつき、島津本家は、同年九月、志岐麟泉に遠路書状を寄せていった。

「麟泉の仲介は重畳とするも、当方遠方にて介入為し難く、薩州島津家へ仰せつけられれば、後日相談を受けたい」

かつて久玉の天草兄弟が兄の鎮尚との反目につき、薩州島津家に支援を要請していたからである。

とこうするうちに、天正二年（一五七四）、天草鎮尚は薩州出水の亀ケ城主島津義虎から、久玉城割譲を要求された。義虎としては、さきに天草刑部らを支援するため、久玉へ向けて出航の準備までした。その協力体制に挨拶なしで、志岐氏と天草氏の間で和解が調うことに我慢がならなかった。本意は久玉を天草進出の足掛かりにすることであったろう。

同年九月二十九日、鎮尚は菩提寺の本砥・亀川の来迎寺の僧を島津本家へ遣わし、和睦への取り成しを頼んだ。おりしも出水からも薩州家の使者が同所に来ていた。これ幸いと島津本家は薩州の使者に打診した。

「島津氏は、先代大岳（忠国）の時代より天草氏とは深重の間柄であり、一時中断のことはあったが弓箭（弓矢の戦い）はなく、この先例によってはどうか」

島津本家としては、なお日向においては、伊東氏との抗争が完全には終息しておらず、戦力に余裕がなかったのであろう。いらぬ戦いはするものではない。薩州の使者は言下に拒否した。

「主君義虎殿仰せられしは何時なりとも、天草殿、少しなりとも、その所領の一部を割譲なされれば、可とされん」

これを聞かされた天草の使者も、成り難しとして断った。

同年八月と十二月、志岐麟泉は島津当主義久へ懇請状を送達した。十二月十五日、志岐の使者正興寺僧湯之浦入道は、島津家重臣伊集院右衛門兵衛尉と上井覚兼を訪ね、口上を述べた。

「この二、三年、無為にうちすぎ、失礼の段平に御容赦願いたい。このたび、島津家におかれては、肝属《きもつき》氏を服属なされ、ここに薩・隅の地、悉《ことごと》く守護島津殿ご統治ご支配なされることとなり、祝着至極に存じ奉る。早々にご祝言申しあげるべきも、海路遠境の間、時期を失し、本意に背き申しわけなく存ずる。ついては天草鎮尚殿と島津義虎殿との和平調う由、廻船の便りにより御聞き申した。先年、この方より御書を呈し、出水の義虎殿と天草鎮尚殿の間、無事和平に至られしところ、義虎殿、鹿児島へ参上なされし時分、その留守を覗い、天草刑部ら内略共謀せしや、天草の久玉城を再度手にいれんと、殊更に相良義陽殿を頼み、相良国伊佐郡大口を獲得致し、そこへ魚塩を貯え致し、種々（不都合なること）おこりたること隠れなき次第、御当家に敵を申す砌《みぎ》り、これ無事和平の調いしことの真相にあらずや。まことの風説にてあらんや。しかれば、いかに対応せしものや」

これを受け、伊集院・上井両人は、十二月二十三日、湯之浦入道の宿舎を訪ね、回答した。

「ついで天草と出水の和平のことは、まぎれもなき意見ではあるが、未定である。したがって先年、天草（刑部ら）相良へ随順致し、当家へ敵申されることを承るは尤もなり。さりながら、相良幕下の天草にての仕置き（相良氏が勝手に天草刑部を処置）することであれば、至って憎からぬことである（うらめない）。その時分志岐より種々懇切になされし段、今も忘却なし。天草と申すも、志岐と申すも、いずれも我が国とは他国のことにて、この方より計り難いことである。ただ、皆無事であることが目出度いことである。この方、一向に弓矢を望みおこすものにあらず」

島津氏は志岐氏へ馬一匹、鉄砲一挺、使僧には嶋織物三反を贈り、丁寧に謝絶した。

志岐麟泉はこの回答に満足しなかった。翌年八月、島津氏重臣川上上野入道久隅・村田越前守経定・平田美濃守光宗・伊集院右衛門大夫忠棟宛、出状した。

「兼ねてまた先年、当郡の立柄（権力を立てること）上意を請け、天草大夫は兄弟（刑部・大和守兄弟）と和談申した。よってかの兄弟共は落去申した。しかるに程なく、天草郡久玉のことは義とせられた（薩州島津の天草氏への割譲要求を是とすること）。悉《ことごと》く、我々までも、不首尾となりしこと、言語同断、迷惑仕まつった。先々この表は義絶となる。然れば、薩州・天草和順のこと、示し給うことは分別に及ばず。すでに島津義虎殿お取り合わせの上は申すことなし、お察しの通りである。ここもとのこと、義虎殿、順逆ご同心の外、他はない。為に存知されよ。併しお一人差し上げられるべくのこと、目出るべく、何さまよく談じ、御意を得たい」

志岐氏としては、島津義虎の割譲要求が出た以上、これについていまさら申すことはないとして、順逆にかかわらず同心するとまでいっている。それは、あくまで和平が成就されることである。その為には策がある。それは、一人を差し上げることである。差し上げるとは、天草氏から、割譲に替えて、島津氏へ人質を入れることである。

天正三年（一五七五）二月二十六日、島津義久は志岐麟泉に使者をつかわし、天草氏と島津氏の和解条件として、天草氏からの領土一部割譲を要求、その交渉を依頼した。麟泉は湯之浦入道を天草鎮尚のもとに遣わし、自分の内意を提示した。

鎮尚は割譲を渋った。

「もともとこの件は、我らの内輪の揉め事が発端である。島津氏の容喙《ようかい》はいらざることである」

「しかし、島津殿のご決意、いかにも堅く、このままではすまされません」

「されば島津殿、いずこを所望されしや」

「久玉一円とおもわれます」

「三年前は長嶋を望まれた。もっとも、これは我らの反対で沙汰やみとなった」

「島津殿、すでに日向の地の制覇は目の前にて、そののちは肥後、それから肥前、筑前と、野望は拡がるばかりでありおります」

「ではなおさらの事、天草の地、一歩も踏み込まれてはならぬ。割譲には反対じゃ」

「しかし、それは御家あってのこと、ここはご辛抱のしどころではありますまいか」

「して志岐殿、いかにお考えありや」

「されば申しあげます。割譲に替えて人質を差し出されてはいかがかと申しております」

「人質か」鎮尚は一時沈思し、薄目をあいて呟いた。「誰を出すかじゃ」

「ご決断くだされ。御長子久種さまをおいてはほかにありませぬ。お国のためでございます」

鎮尚は深く息をはいて頷いた。

「止むをえまい」

この島津・志岐・天草氏の動きは相良氏の知るところとなった。相良義陽は反島津側である。

この三氏の同盟を危惧し、肥後の守護職大友宗麟へ、元凶である志岐氏の討伐を具申した。大友宗麟は慎重であった。相良氏へ返書し、再調査を命じあわせて志岐・天草二氏の慰撫を勧めた。二氏はかねてから大友氏の傘下にあるものである。ちなみに志岐麟泉の麟は宗麟の麟を、また本名の鎮経の鎮は宗麟の本名の義鎮の鎮をもらったものである。同じく天草鎮尚の鎮は大友義鎮の鎮である。

相良義陽は使僧東泉寺を志岐・天草氏それぞれに派遣し、軽挙なきよう諫めて廻らした。天草鎮尚は答えた。

「相良氏とはかねて長島の地にて恩顧を蒙り、いささかの離念をも抱かざるものでござる。案じ召さるな。このたび故あって島津殿と和平をすすめているところでござる。しかし、これは便法、島津氏へ与するものではござらぬ」

鎮尚は相良氏に匿われている天草刑部について、一言の怨みをも洩らさない。

同様にして志岐麟泉は答えた。

「我ら同じ天草の地にて、並び立つことが本意でござる。さらば島津殿、ひいては相良殿、大友殿とも、平たく治まりいくことこそ、我らが念願でござる」

志岐・天草二氏ともに、島津氏との和平交渉の真相は明かさなかった。大国《たいこく》の狭間にあって生き抜いていく小国の知恵であろう。

東泉寺は相良氏に対して、志岐氏に不穏の状況にないことを報告した。相良義陽から報告を受けた宗麟は麟泉をゆるすことに決し指令した。宗麟は志岐氏が大友氏をないがしろにして島津氏に与することを懸念していたのであろう。

「彼の者連々一雅意（一轍の平生の志）の条、一閉目（説得）の儀申し付け候の処、兵部入道（麟泉）の事、先非を改め、向後貞心を励む可くの通り申し候、頼房（義陽）重々御口能、黙止候の間、承に任せ、赦免せしめるの趣、猶年寄り共申す可く候、恐々謹言」

天正四年（一五七六）十一月六日、天草鎮尚は薩摩の重臣喜入摂津守（季久）・河上前上野入道（忠克）・村田越前守（経定）・平田美濃守（昌宗）・伊集院右衛門大夫（忠棟）宛に出状し、薩州島津氏との和議につき合意を求めた。

「この度言上仕まつり候の処、別して御懇なる上意、忝《ことごと》く面目の至りに候、併し各取り合わせの故に候。畏悦少なからず、殊に近比見事な御馬下され候、外聞の至り此の上有るべからず候、秘蔵して他に異とすべく候。仍《よって》薩州と当方の和談の儀、御意見なされ候歟、それに就き仰せ遣わされ候の趣、定めたて聞き思し召し候哉。益御心添えらるべく候の事希う所に候。向後に於いて深甚に御意を得べく候。毎事の御指南大慶に為すべく候。恐々謹言」

和談の儀とは、割譲に替えて嗣子久種を人質にすることである。島津義久はこれを受け入れた。

耳川の戦い

天正五年（一五七七）十二月、伊東義祐は木崎原の敗戦後、島津義久の攻勢に堪え切れず、豊後の大友宗麟のもとに逃れ救援を求めた。

宗麟と義祐は縁戚関係にある。宗麟の娘が土佐の一条房基に嫁ぎ、その娘阿喜多殿は義祐の子義益の妻となった。なお、房基の子兼定は土佐から宗麟の膝下に身を寄せていた。

伊東義祐に属していた日向の県《あがた》の松尾城主土持親成は、大友氏に人質を出していたにも関わらず、この機に乗じ島津氏に寝返った。

天正六年三月、宗麟は伊東氏の失地回復を名分に日向に出兵、四月十日、松尾城は陥落した。親成の養子相模守は自刃し、親成は捕えられ、のち国東で自刃した。

同年九月四日、宗麟はカブラルら宣教師を引き連れ、臼杵から出船、日向の務志賀に本営を置いた。総大将は筆頭家老の田原親賢、総兵五万は陸行した。目指すは島津の地頭山田新介有信、その兵一千が守る日向児湯郡の高城である。耳川周辺で迎撃した島津の小隊を破った大友軍は、十月二十日、高城を攻撃した。同城は城下を小丸川と支流の切原川が交差して流れ、その断崖の上に築かれた砦である。高城は大友の攻勢によく堪え、急を島津義久に告げた。

十一月一日、島津義久は薩・隅の兵を率いて佐土原城にはいり、島津義弘も真幸《まさき》の兵をひきいて駆けつけた。総勢四万である。同十一日、義久は高城に南面して根白坂に本営を置き、義弘は小丸川の南岸柳瀬口に布陣した。

十二日未明、大友勢の田北鎮周軍が不用意に渡河を開始したところを、島津義弘の軍勢に遭遇し交戦した。当初、島津勢は苦戦した。義弘の下知に反し、伊集院忠棟の一軍が大友勢の前面に出、川を背に負って戦い、北郷久盛・本田親治らを失った。

『島津義弘軍功記』にはこの戦いを以下のように記している。

予、是に於いて、大河を前に当て相備うべき由、下知を加うと雖も、伊集院右衛門大夫忠棟同心無きにより、諸軍大河を後に置き相備う。……予は、大川を前に当て相備え為すにより、筋吏の瀬口より敵と相懸かり、懸け渡り、忽ち斬り崩す。然らば、伊集院忠棟は手綱を緩め、手を合わす。彼の盛んな豊洲の軍衆（大友勢）、無双の強敵為りと雖も、宿運の窮まる所、為す方無くして崩れ、古川に入り、人罵打ち重なりて不測の淵を埋む。此れの如き目醒ましき儀、言語に述べ難き者なり。数万の軍旅、僅かに二三百人に討ち成られ、帰国せしむ。云々。これより、六カ国の大名小名、皆（大友）義統を欺き、当家に恐れを成すこと限り無し。

大友勢は全軍指揮系統が乱れ、さらに高城内部から打って出た島津勢の奇襲にも悩まされ、散を乱して北方の耳川へ向け敗退。追撃を受けて、沿道は屍累々という有様であった。大友家臣団の戦死者三千余、足軽らは万余の死人である。島津勢の戦死者は三千余とされる。

この時の大友宗麟は、すでに家督を子義統に譲り隠居の身でありながら島津征討を画するなど、心あるものは良しとしなかった。あえてこれを行ったことは宗麟の驕りであった。島津勢は未曾有の勝利を得た。かくて薩摩・大隅・日向の三国は制覇されたのである。九州の六カ国とは、前三州（豊前・筑前・肥前）、後三州（豊後・筑後・肥後）である。

豊後の守護職は大友宗麟の子義統である。その威勢はこの六カ国に及んでいたが、以後これが急速に狭められていく。すなわち、肥前の龍造寺氏が筑前・筑後・肥後を、島津氏が肥後・筑後・筑前を、そして北からは毛利氏が豊前・筑前を狙っていた。

天正六年（一五七八）一月二十四日、志岐麟泉は使僧永福寺住職を島津氏に送り、日向での戦勝を祝し、さらに四月十日、島津氏の耳川の勝利の賀使を伊集院忠棟のもとに送った。栖本下野守は二月五日、祝儀として太刀一腰を島津氏に贈った。天草鎮尚は、十二月二十一日、島津氏耳川の戦勝の賀使を喜入季久に送った。ちなみに、天草氏は日向の戦いで島津氏に援軍し、家臣天草弓八郎を戦死させている。

翌天正七年三月二日、天草鎮尚は島津義久から尾張守に任じられ、返礼に六月十四日、太刀一腰と馬一匹を贈った。

この春、天草鎮尚、志岐麟泉、上津浦鎮貞、栖本下野守、大矢野の天草五人衆はうちつれて出水の薩州島津義虎を訪問し恭順の意を表した。総じて大友氏傘下からの離脱であった。島津氏に人質として留められていた久種は放免された。

天正七年正月、佐賀の龍造寺隆信は筑後の高良山の麟圭《りんけい》の座主職を安堵し、山門郡鷹尾城主田尻鎮種、三池郡古賀城主三池鎮実、肥後玉名郡筒岳城主小代宗禅、さらに五月、三潴郡八院鐘ケ江実統、北肥後玉名郡和仁の田中城和仁宗運親子をはじめ、菊池郡木野・山鹿郡山鹿の者たちをことごとくを制覇した。

龍造寺氏の祖は肥前の在庁官人で、肥前国衙の近くにあった甘南備峰《かんなびのみね》城の高木氏といわれる。文治二年（一一八六）に肥前国佐嘉郡小津東郷の龍造寺村の地頭職を与えられた南二郎季家《すえいえ》が高木季喜《すえよし》の養子となり、その子季益の代に地名をとって龍造寺を名のった。

龍造寺隆信は肥前佐賀の水ケ江城主龍造寺周家の長男として、享録二年（一五二九）に生まれた。天文四年（一五三五）、鬼丸の宝琳院《ほうりんいん》に出家して、円月と称した。

天文十四年（一五四五）、祖父家純《いえすみ》と父周家《ちかいえ》は主君小弐氏への謀反の嫌疑をかけられ、小弐氏家臣馬場頼周によって誅殺された。隆信は曾祖父家兼《いえかね》につれられ、筑後の蒲池氏のもとへ脱出、翌年家兼は蒲池鑑盛の援助を受けて挙兵、馬場頼周を討ち、龍造寺家を再興するも、老齢にて天文十五年（一五四六）死去した。かれは隆信が龍造寺家の家督を継ぐことを遺言した。

天文十六年（一五四七）、隆信は本家龍造寺胤栄《たねみつ》に従い、胤栄の命で、主君筋の小弐冬尚を攻め、勢福寺城（神埼）から追放した。ついで山口の大内義隆と手を結んで勢圏を拡張した。隆信の隆は、義隆の偏諱《へんき》である。

天文十七年（一五四八）、胤栄は死去、隆信は、家老家宗の推挙により、還俗して胤信《たねのぶ》と称し、胤栄の未亡人を娶り、龍造寺本家を継いだ。十八歳であった。

しかし、天文二十年（一五五一）、大内義隆は陶氏の謀反により自害。大内氏の後立てをうしなった隆信を狙い、家臣土橋栄益は大友義鑑に接近し、隆信の大叔父の家門の子で、水ケ江龍造寺で重きをなし、義鑑の偏諱を受けていた龍造寺鑑兼を擁して隆信を追い出した。隆信は、再度蒲池鑑盛に保護を求めた。

天文二十二年（一五五三）、隆信は旧家臣、地元の郷士らの支援をうけて再起し、土橋栄益を討ち、鑑兼は幼少につき筑後に追放した。これで東肥前は龍造寺氏の支配となった。

永禄十二年（一五六九）、大友宗麟《そうりん》は高良山に出陣、肥前への進出をはかり隆信と交戦、その最中に毛利氏の筑前進出があり、両者は和平を結んだ。

しかし、元亀元年（一五七〇）三月、大友宗麟は再度肥前に軍隊を進め、制圧に努めるも同年八月、今山の戦いで、龍造寺の部将鍋島信昌《のぶあき》（のち直茂）の奇襲によって大友の将親貞が討たれ敗北した。

天正六年（一五七八）頃には、肥前はほぼ龍造寺氏の勢力圏内になっていた。

筑後の上妻郡山下の城主蒲池鑑広《あきひろ》は龍造寺氏になびかなかった。同氏は宗家の三潴郡蒲池の城主蒲池鑑盛《あきもり》の従兄弟で、上蒲池氏を称し、この天正七年四月から隆信に抵抗していた。

おりしも、大友義統は龍造寺隆信の出陣を聞くと逆徒を討つと称して、八月二十二日、日田まで出馬して陣を布いた。筑後の生葉《いくは》にまで進出した大友勢は、星野・筑紫・秋月氏らと戦うも利あらずとして、十一月初旬、豊後へ撤退した。よって籠城数カ月よく龍造寺勢の攻勢に堪えた蒲池鑑広は、十一月三日、ついに降伏した。

さらに龍造寺隆信に叛旗を翻したのが、柳川城主蒲池宗家蒲池鎮並《しげなみ》である。

蒲池鎮並は父鑑盛と弟統安ともども兵三千を率い、大友氏に加担、耳川の戦いに参戦した。しかし、途中、仮病をつかい直属二千の兵をつれ柳川に帰った。大友氏を見限ったのであろう。父と弟は耳川で戦死した。

鎮並の妻は龍造寺隆信の娘である。隆信はかつて一時、肥前を追われたことがあり、その苦境に彼を保護したのが、鎮並の父鑑盛である。隆信はこの恩義に娘を鎮並に嫁がせたのである。

天正八年（一五八〇）二月、鎮並は隆信に楯つき、隆信の二万の兵に抗した。籠城三百日にも及んだ。その間、密使を島津氏に送り支援を乞うた。

同年九月十一日、天草五人衆は、島津氏から蒲池鎮並への救援と兵糧米の運送を命じられた。薩摩側からは甑《こしき》島の甑相馬充が出船した。

天草側は、志岐・天草氏連合である。甑氏に先立ち十余隻の船団で三角の瀬戸から有明海を北上、玉名郡の大島沖で仮泊した。翌暁、龍造寺側の田沢大隅守の兵船に急襲された。天草側の船団は積み荷の兵糧米の重さに船足が重く、三隻を失い、十隻を大破され、ようようにして三角に敗走した。蒲池氏救援は失敗した。

蒲池鎮並は、十一月二十八日、自ら龍造寺鎮賢の軍陣に至り、伯父田尻鑑種の仲介で和を乞うた。しかし、翌天正九年、島津の伊集院忠棟に内通した。そして友好関係にあった三潴郡の西牟田鎮豊に密使を出し、島津氏への一味を誘った。

蒲池鎮並はうかつであったというしかない。西牟田鎮豊は家臣向井左京亮を龍造寺隆信に派遣し謀反を告げた。

おりしも、龍造寺氏は九州での五州二島（筑前・筑後・肥前・肥後・豊前、壱岐島・対馬島）の太守と自称し、その制覇を祝し、須古の居城で猿楽を興行することとし、蒲池鎮並をこれに誘った。龍造寺の使者、田原伊勢守、秀島源兵衛は、言葉巧みに勧めた。

「鎮並公は代々詩歌糸竹（管弦楽）の巧者であられる故、須古に赴かれ、隆信公を慶賀なされば蒲池家も安泰ならん」

鎮並は隆信に疑心ありとして、須古行きに反対する内部の意見を押し切っていった。

「されどこのたび、肥前に発たずば、また龍造寺殿の大軍、押し寄せ戦いとなるは必定なり。前年、大村純忠公、決死の覚悟にて龍造寺殿の招きに応じられ、ご自分の娘を隆信公の四男江上又四郎家種殿に嫁がせられ、見事和平を結ばれたと承る。万一死すとも、一生を保つべき機縁ともならん」

同二十八日、鎮並は芸人三十一人、兵百三十人を引き連れ、龍造寺の田原伊勢守の先導により、柳川を発ち佐賀の本行寺で隆信から贈られた酒肴を、隆信の子政家に饗應された。翌二十九日未明、須古へ出立、与賀大明神の鳥居前で待ち受けた龍造寺の家臣河信貫・徳島長房の軍勢に討たれた。以後、二度にわたる蒲池氏の恩義をうけながら、蒲池鎮並を誘殺した隆信の所業は、蒲池氏に親近した諸家の龍造寺氏からの離反を促した。

龍造寺隆信の居城須古城は、もと平井平二郎経治の居城であった。天正二年（一五七四）、龍造寺隆信によって奪取されたものである。

平井氏は小弐景資の後裔で、尚経の代に小城郡平井に居住し、この地名によって平井を名のった。平井経則の代、文亀の頃（一五〇一－〇四）、龍造寺氏に同心したが、のち千葉氏に属した。大永五年（一五二五）、千葉氏が有馬氏と敵対したとき、経則はその先鋒として須古に配された。その後、千葉氏を寝返り有馬氏に味方した。これが有馬氏が、肥前の杵島一体を支配する端緒となった。

有馬晴純は一女を平井経治に嫁がした。当時、経治は須古のほか、白石・北郷一帯約数千町を領していた。この後、平井経治の妹が志岐麟泉の後妻となった。有馬氏の仲介であろう。

平井経治は龍造寺隆信に攻められ、須古城落城にて自害して果てた。これにより、有馬氏は肥前における重要な拠点を失った。肥前における有馬氏の版図は最盛期には六郡、つまり、高来・藤津・杵島・三根・神埼・佐賀であったが、のち三郡の高来・藤津・杵島に狭められ、ついに最後の杵島まで奪われたのである。

同年十月十五日、志岐・上津浦・天草の三氏は島津義虎に呼ばれ、肥後の阿蘇氏攻略の軍議に加わり、島津氏部将新納忠元のもとで、阿蘇氏の麾下、肥後の矢崎（宇城市三角）・網田城（宇土市下網田）を落した。ついで、十一月二十三日、阿蘇氏に与する合志敬重を降伏せしめた。

この年の暮、志岐麟泉は島津義虎に対し、自分の後継ぎである諸経の妻にその娘を所望、成婚させた。同盟したのである。

翌天正九年（一五八一）六月、志岐の海は、龍造寺政家の叔父龍造寺信周の兵二千の船団に満たされた。使者後藤伯耆守が、浜辺で相対した志岐の軍勢に口上した。

「天草の五人衆、いまだ五州二島の太守、龍造寺家に誼《よしみ》を通じざるは遺憾である。その存念の次第においては、弓矢にかけても志岐城に参上仕まつらん。されば志岐城主志岐諸経殿にお伝えあれ。我らが主、龍造寺に二心なくば、その証に人質一人を遣わされば、障りなく撤退せん」

これを受け、志岐城内では評儀あって、徒に抗戦して人馬を損傷するより、和平することに決したが、人質を誰にするかが容易にまとまらない。麟泉の弟志岐経弘が、交渉に名のり出た。

龍造寺側は志岐諸経の妻を所望した。経弘は強固に反対した。昨年、島津家へ乞うて、当主の妻に迎えたばかりである。これが島津家へ聞こえれば、尋常ではすまない。

では、これに替わる者はだれか。経弘は自分を望んだ。龍造寺の使者・後藤伯耆守は女性を望んだ。最初から決めていたのであろう。志岐家にとって諸経の妻に替わる女性とはいうまでもなく麟泉の妻である。経弘は城にとって帰り、麟泉の決断を求めた。

六月五日、麟泉こと志岐豊前守鎮経は龍造寺鎮賢（政家）、隆信に宛、起請文を差し出し、和解した。

再拝、再拝し天罰起請の事を敬白す
右の旨趣は、当末共に倅家（諸経）の事、頼み存ずべき為、此れより五カ年以前、既に貴人（龍造寺）の書を改め候の事、其紛れ無く候。此の故を以て連つれ頼み入り候題目共に候。細ぼそに別紙を以て申され候。当世は偏頗の儀にて已に候の間、真実の心底を顕すは此の如くに候。何様向後弐（心）無く、互いに申し承り候。（以下略）

これによれば、五年前にもこのような誓紙が交わされていたのであろう。麟泉にとって苦渋の決断であった。妻の命運は志岐氏の出方に懸ったのである。

同年十月十六日、龍造寺鎮賢は、志岐治部大輔（経弘）に知行を宛がった。

慮外の儀に依り、不図着郡の処、代々の辻、相違なく御忠節、案中に候、永く忘却有るべからず候、仍つて（肥後益城郡）砥河八十町のこと、全領知然るべく候、併せ志を顕す計りに候。恐々謹言。

文意は、「思いがけないことで、図らずも郡に着いた処（志岐への出兵）、志岐家代々の辻（交差点）で相違なき御忠節、安心した。長く忘れるものではない。よって砥河八十町を、全部領地されよ。志である」と読める。

これが、麟泉の妻の入質によって、志岐での戦火をさけられたことへのお礼であるかは不明である。しかし、丁寧な礼状である。ちなみに、龍造寺政家の妻は有馬義直の娘で、志岐諸経はその叔父にあたる。

同年二月、薩・隅・日三州統一を果たした島津軍は、相良氏の出城水俣城攻略を開始した。五月、肥後の城・名和両氏と龍造寺氏が「相良家捨てられまじく懇望」したが、まとまらなかった。

八月十九日、島津義弘の軍勢は水俣城を攻めた。同城守将は犬童頼安、兵は小勢七百余である。佐敷にいた相良義陽は、急遽八代にとって帰り頼安の使者とあった。さらに、九月、義陽は龍造寺隆信・久家親子に起請文を認め、水俣への支援を要請した。しかし、これは間に合わなかった。多勢に無勢、いかんともしがたく救援を断念。二子を人質に出し、さらに佐敷・津奈木・湯浦・水俣など、芦北七浦を割譲して開城した。九月二十九日、頼安ほか城兵は球磨へ去った。

十月、相良氏は島津氏と和睦、島津氏の幕下に入った。

これより先、同年八月、島津義久は大友義統に剣と馬を贈り、先の和平の申し出に対し、返礼した。すなわち、この年春、大友義統は島津義久へ使者を送り、織田信長から和平の勧めがある旨を申し出ていた。この件は、前天正八年九月、前関白近衛前久が織田信長の依頼をうけて、島津忠平（義弘）へ大友氏との和平を促していたものである。

ちなみ、に近衛前久は藤原氏嫡流である。信長と本願寺の石山合戦では、両者の調停にあたり、天正八年に和解せしめ、本願寺顕如は石山を退去した。この功により、天正十年（一五八二）二月、太政大臣となった。

一方、この返礼は島津氏にとっては儀礼的なもので、全面和平を意味するものではなかった。大友に与する肥後の勢力はなお残存しており、これを払わねばならない。

翌十一月、島津義久は、大友方の阿蘇氏の重臣甲斐宗運居城の御船城攻略を相良義陽に命じた。義陽は苦慮した。しかし、お家存続のためには宗運との友情は断たねばならない。義陽は宗運からの誓書を破棄し、十二月一日早暁、八代の白木社で祈願、願文を奉納、兵千を率い、出征した。

十二月二日、相良軍は濃霧のなか下益城郡豊野村の轟ケ原に布陣した。

甲斐宗運は相良氏の出陣が信じられなかった。事の真相を知り、義陽からの誓書を阿蘇の神池に沈めさせ、千光寺に赴き、籤を引いて「吉」の字に勢いづいた。兵を四分し、一隊は御船城に留め、三隊のうち先陣は堅志田・甲佐城の支援に留めた。始めここでは相良軍の東左京進の一隊に敗れるも、宗運の本隊とあとの一隊で相良軍を包囲、鉄砲を放って総攻撃を加えた。形勢不利を見て相良の家臣らは、義陽に本陣の娑婆峰への移転を進言するも、義陽は聞かず、ついに放心の態で床几に坐したまま討たれた。三十八歳であった。

この戦いで相良氏についた天草刑部少輔も戦死した。『球磨外史』は記す。

「天草刑部大輔膂力絶倫なり、長刀を揮《ふる》つて左右に衝撃し、敵を斬ること撫《な》でるが如し、栗林伊賀、銃を放って之を撃つ、胸に中《あた》りてる」

刑部は一子与蔵を残した。

島津義久は相良義陽の死を悼み、その子忠房に跡目を継がせ、相良氏の人吉城は存続した。

沖田畷の戦い

一五八二年初め、アルメイダ神父は天草の上長に任命され、河内浦へ赴任した。天草布教は三回目である。そこにはジュリオ・ピアニ神父と日本人修道士ゴメスがいた。天草氏の所領の本砥にはアントニオ・ロペス神父がいた。天草氏の領内には三十の教会があり、住人のほとんどが切支丹であった。

同年七月、当主天草鎮尚はアルメイダに告解を受け、切支丹として死んだ。跡目を相続したのは長子の久種《ひさたね》である。切支丹であった。

この秋、アルメイダは、コエリュから薩摩へ出張を命じられた。島津氏の伊集院忠棟からの要請に応えるものであった。島津氏は南蛮船の山川港への定航を目論んでいたのである。

アルメイダは山川港の北部周辺を野村民部少輔の案内で見てまわった。地理的には当地は適地と思われた。しかし、すでに定航船は長崎に定着しており、よほどのことがないかぎり、別に開港することは困難である。開港の条件は、賃借によるか、用地割譲によるかである。さらには、いかほどの切支丹が鹿児島に増加していくかである。

とこうするうちに、島津義久が重病を患い、これが治癒せざるは宣教師の教えのせいであると、切支丹を排斥する者たちが喧伝した。これは、アルメイダを鹿児島へ招待した者への反感となった。責任者、樺島右衛門は自宅の厠で暗殺された。

一五八三年三月八日、アルメイダは鹿児島を発ち天草へ帰った。

島津氏の上井覚兼は日記に認《したた》めた。

此の日、南蛮僧、当所へ借屋役所給わり居り候。世間の者、沙汰悪しく候。殊更に今度

（領主）御虫気（胃病）に就き、ケ（斯）様の宗（切支丹）の者、当所へ罷り居り候て、諸神御内証に合わず、由を告ぐなど候とて、（病気の原因が切支丹に由来するといって）、先に有馬どののごとく、罷り立て候へと（追放せよと）、一両日懸け曳き共成され、立たされ候。

河内浦に帰って程なく、アルメイダは病を発し、ついに再起できなかった。激務と老齢のためである。この秋、アルメイダはこの地で死んだ。五十九歳であった。日本にあることほぼ三十年、果敢な生涯であった。

天草市にあるキリシタン墓地とその入口にあるアルメイダのレリーフ（天草市提供）

天正十年（一五八二）十月十日、志岐諸経は有馬晴信より支援を求められた。相手は龍造寺氏である。その三日後、晴信は島津義弘を八代に訪ね、人質に弟新八郎を差し出し、龍造寺氏へ対抗するための出馬を請うた。

おりしも、島津氏は宇土城主名和顕孝、隈本城主城親賢の手引きにより、肥後八代の益城郡の龍造寺方の阿蘇・甲斐両氏を制圧し、さらに龍造寺氏に与する諸侯を降さんと北上を始めていた。この機運に乗じたのである。

志岐氏としては懸念があった。麟泉の妻が龍造寺に人質として確保されていた。麟泉は苦慮した。しかし、有馬氏もかけがえのない同志である。まして有馬氏が、島津氏に頼ったことを見ても、ことは志岐氏の命運を決するものである。ついに、麟泉は島津氏の将来に懸けた。十月二十日、諸経は有馬氏に応諾の使者を出した。

一方、龍造寺隆信は、十月四日、筑後国三池郡鷹尾城主田尻鑑種《あきたね》の謀反にあい、兵三万をもって攻撃するも戦局は好転しなかった。この間、鑑種は肥後に出馬中の島津義弘へ内通し、支援を求めた。ちなみに鑑種の姉は、先に隆信から誘殺された蒲池鎮並の母である。

十二月四日、島津氏は武将川上久隅を有馬へ派遣した。これを得て、有馬晴信は龍造寺氏に与する深江城主安富純治《すみはる》を攻めた。純治は島原城主島原純豊を救援中で留守であった。その子純泰も深江の有明海対岸の玉名郡横島城に龍造寺方在番にて不在であった。手薄ながら深江城は翌年まで籠城し続けた。

翌天正十一年正月十三日、島津義弘は蒲池氏救援のため、伊集院若狭守に兵三百をつけ、海路筑後へ向かわせた。両軍対峙するも、戦局は膠着した。

龍造寺方に秋月城主秋月種実《たねさね》がいた。田尻氏とは同じ大蔵氏の出である。種実は田尻氏を案じ、和平を斡旋、七月二十一日、龍造寺氏と田尻氏の間に和議が成立した。

一方、この四月、安徳城主安富純俊（有馬晴信の伯父）が龍造寺氏に背き、深江城は危機に落ちた。八月、安富純泰は島原に帰り深江城を攻め、龍造寺隆信は深江の危急を救うため西島の横岳家実らに出陣を命じ、その兵糧用に多比良村五十町を与えた。

龍造寺氏と田尻氏の和平は長続きしなかった。恐らく、龍造寺氏が田尻氏の背後に島津氏がいることを察したからであろう。仲介の労をとった秋月種実は島津義久のもとに使僧を遣わし、龍造寺氏との戦いは士卒や領民を疲弊せしめるばかりで益なしとして、和平を持ちかけた。

同年九月二十九日、二回目の使者によって事態は好転した。十月中旬に和議は成立した。条件は、肥後半国を両氏で領地し、高瀬川を堺とする。川の東南を島津氏が占め、新納忠元を益城郡御船におき、島津義弘は八代へ引きあげる。川の西北を龍造寺氏が占め、龍造寺家晴を玉名郡南関に、太田家豊らを同郡大野別府などに置き、龍造寺政家は柳川に戻る。

龍造寺隆信はこの和議に不満であった。島津氏と一戦も交えず、政家がこれを治めたからである。

伊集院忠棟は、十月二十三日、有馬晴信に支援を続けないことを通告した。結果的に晴信は救われたのである。志岐勢は大過なく帰還した。

この和議は田尻氏にも影響した。籠城五百日のあげく、天正十一年（一五八三）十一月二十七日、再度龍造寺氏と田尻氏は和解した。

こうした中、龍造寺隆信は、肥後の隈府城主赤星統家が佐賀への招待に応じなかったので、見せしめに、質子《ちし》の新六郎十四歳を磔刑に処した。これを知らされた統家は島津氏を頼った。この事件は、隆信の与力衆に隆信を嫌悪する気分を横溢させた。島津氏と龍造寺氏との和議はつかの間の夢と化した。

天正十二年（一五八四）三月十三日、有馬晴信の再度の要請を受けて、島津義久の弟家久の率いる薩摩・大隅・日向の精兵三千は海路有明海を北上、有家の須川港に上陸、安徳城に入った。

島津氏は天草五人衆に出馬を要請した。志岐諸経・上津浦種貞・栖本親高・大矢野種基がこれに応じた。天草久種は病気を理由にこれを断った。仮病であった。島津氏はかねてから久種の切支丹であることを嫌い、棄教を迫っていたが、久種は肯定しなかった。

三月十八日、龍造寺隆信は自ら軍を率い、肥前龍王崎を出て、二十日、島原半島北端、私領の神代港へ着岸した。この出陣に隆信は嗣子政家を外した。隆信はいった。

「政家は有馬の聟（有馬晴信の父義貞の娘婿）ならば、その好《よしみ》棄てがたくあらん。かくなるうえは、自身出馬し、有馬を一蹴せん」

ちなみに、有馬義貞は、永禄五年（一五六二）、大友氏に与し、肥前小城郡丹坂《にさか》の戦いで龍造寺氏に敗れており、娘を政家に嫁がせ和解していた。

三月二十四日、両軍は島原の森岳城の北、沖田畷で決戦の火蓋を切った。有馬勢は本隊五千、これに島津勢三千の総勢八千である。晴信は天草勢五百を割いて、島原浜の城に対せしめ、城主島原純豊を孤立させ、本隊は島津勢とともに、北の龍造寺軍と相対した。

龍造寺軍は総勢五万七千という。

戦端は明六つ半（午前八時）に開かれ、未の刻（午後二時）、龍造寺の敗退によって終わった。敗因は隆信の多勢を頼む驕りと作戦の無謀にあった。戦いの直前、隆信は自軍の二将の持ち場を急変した。すなわち、沖田畷の中道をまかされた鍋島直茂を山の手に替え、逆に隆信自身の本隊を山の手から沖田畷の中道に入れ替えたのである。浜の手をまかされた江上権之丞はそのままであった。当然、陣内は混乱した。

有馬勢の安徳越中守が率いる海上からの船団による攻撃は威力を発揮した。大砲は長崎のイエズス会から借用した二門の半等砲で、操作するのはカフル人（アフリカ人）とマラバル人である。このほか、鉄砲が海辺に布陣した河上勢を狙い撃ちした。砲弾は誤りなく敵兵に命中し、大砲弾一発で多いときには十人を倒した。

正面の龍造寺本隊に対したのは島津軍である。沖田畷は泥地で、その中央に一本の道が、森岳に連なっている。この地理的条件が島津勢に有利に働いた。万余の大軍は、一本の道にさしかかり、混雑のためはみ出して一向に進めない。これを引きつけて島津勢は三段構えの鉄砲攻めを終わるや一斉に抜刀して、龍造寺軍の先端に殴り込みをかけた。敵勢は散を乱し、泥地に足をすくわれた。いわゆる島津氏独特の「釣り野伏」と「繰り詰め」の戦法である。

隆信は肥満体で乗馬かなわず、六人舁《か》きの山駕籠にて采配していた。そこを龍造寺軍兵に変装して侵入してきた島津の川上左京亮忠堅に討たれた。五十九歳であった。これを機に、龍造寺軍は、雪崩をうって後退した。完敗であった。死者三千余、負傷者一万という。一方、薩摩側は死者二百五十余、有馬側はわずか二十人ほどであった。

龍造寺隆信の首級は塩つけにされて、後日肥後の佐敷に送られた。島津義久の実験ののち、丁寧に佐賀龍造寺氏のもとに返された。しかし、嗣子政家はこの受取りを拒否した。島津の使者はこれを持ち帰り、途中島津氏と龍造寺氏の領国の堺、高瀬川に至り、阿弥陀仏という時宗の僧によって近くの願行寺に葬られた。隆信の胴体は佐賀の龍泰寺大和尚によって、湯江村の和同寺で荼毘《だび》に付され、佐賀の龍泰寺に葬られた。

深江城主安富純泰は龍造寺隆信の敗死を知らされると、城を捨てて神代に逃れ、その後直孝のはからいで、龍造寺政家に仕えた。孫の昌武の代に姓を深江に替えて存続した。

六月、龍造寺政家は島津義久に起請文を差し入れ、島津氏の幕下に入った。それまで、志岐諸経は千々石城に、その余の天草勢は島原と三会に在番し警護にあたった。龍造寺氏の人質であった志岐麟泉の妻は放免されて志岐に帰還した。

九州征討

天正十二年（一五八四）九月、島津氏は隈本城に諸軍を集結し、隈本の城一要に仲介させて、肥後北部の国衆、小代氏、隈府の隈部親泰らを帰順せしめた。筑前の秋月氏、筑紫氏、豊前の宇佐宮の社家衆らは、自ら島津氏に与し、大友氏を討つことを願い出た。

さらに同年十月十九日、島津義久は龍造寺家晴の筑後柳川城をうかがう大友氏へ使者を送り、両軍の撤退を条件とする休戦を申し入れた。島津勢は八代まで、大友勢は筑後からの撤退である。両軍は条件通り撤退するもこの均衡は翌年破れた。

翌天正十三年（一五八五）七月、反島津の肥後御船城主甲斐宗運《むねゆき》が死去し、八月十九日、矢部の大宮司阿蘇惟光が降り、ついで合志親重が降伏した。

九月十一日、島津義弘は肥後の諸地頭を定め、ついで保護の検知衆を定めた。そのうえで、肥後の国衆名和・御津山・和仁・辺春・小代らの軍勢を率い筑後に侵入、九月末、蒲池鎮運の山下城を攻め、十一月、起請文と人質を徴し、これを降した。鎮運は先に大友氏に与していたものである。

十月半ば、島津義久は関白秀吉から十月二日付の大友氏との休戦令を受け取った。

天下静滲のところ、九州のこと鉾楯《ほうじゅん》の儀、然るべからず候条、国郡境目相論、互いの存分の儀聞こし召し届けられ、追って仰せ出さるべく候、まず敵味方とも双方弓箭を相止むべき旨、叡慮に候、……この返答各の為には一大事の儀に候、分別ありて言上あるべく候なり。

天正十四年（一五八六）正月、島津義久は日向福島の僧文之《ぶんし》と鎌田刑部左衛門政弘を使者にたて返書した。その内容は秀吉の勅命は止むをえないが、大友側が豊薩の講和の趣旨に反し日向・肥後の国境を侵すことならば、自発的に休戦する意味がないとする穏便なものであった。三月、大友宗麟は上坂し、大坂城で秀吉に哀訴した。援軍を乞い島津討伐を願った。五月、鎌田政弘は薩摩に帰還した。秀吉は条件を付した。それは国の分割案であった。豊後・肥後半国・豊前半国・筑後一国を大友義統に与える。筑前一国は秀吉の直轄とする。その余、すなわち日向・薩摩・大隅、それに肥後半国は島津義久に与える。七月まで同案受け入れ表明なきときは、島津を追討することが付言された。

島津氏としては、すでに薩・隅・日三国に加え肥後一国を掌握し、さらに肥前・筑前、加えて豊後を視野にいれていた。承認しがたいものであった。すでに、正月の内部的協議では義弘の豊後攻めの要請もあり、到底容認できなかった。

七月初め、義久は筑前進出を目して、まず東肥前の勝尾城主筑紫広門を攻めた。十一日、勝尾城（佐賀県鳥栖市）を落とし、ついで二十七日、筑前岩屋城主高崎紹運を敗死させ、さらに宝満城主高橋統増を降した。

筑前糟屋の立花城が大友氏最後の砦である。紹運の子で戸次道雪の養子となっていた立花統虎が守っていた。八月、立花城は籠城に堪え容易に落ちなかった。ここで島津軍は秀吉・毛利の援軍が九州へ到来するとの情報を得て城の包囲を地元の秋月・草野・宗像・原田氏に任せ撤退していった。博多は撤退する島津軍の狼藉に遭い焼尽した。

八月二十五日、大友義統は秀吉から忠告を受けた。

「島津こと……たとえ、この悪党（島津）合戦を挑み申し候とも、かまいなく、堅固の覚悟これ有るべく候。四国、中国の勢、追つけ着陣あるべく候。その間聊爾《ようじ》（軽率）の働き無用に候」

十月、島津義久は豊後侵攻を決意。十八日、鹿児島を発ち、日向臼杵郡塩見に入った。二十二日、島津義弘は三万の兵を率い、肥後国阿蘇郡南郷野尻（高森）から豊後直入郡へ入り、高城（竹田）を落とし、破竹の勢いで北上し二十四日、都賀牟礼城（別名竹田入田城）を降した。しかし、岡城主志賀親善だけは攻めあぐねた。

十一月十五日、島津家久の率いる一万の軍勢は日向の梓越より大野郡に入り、内応した柴田紹安の朝日岳城を占拠。三重近郷の諸塁を焼き討ちし大分郡鶴賀城に迫った。

大友宗麟は津久見の隠居処から臼杵城に移った。ほどなく島津義久の兵二千によって攻撃された。当主大友義統は府内で島津勢を待ちうけていた。守《まもり》は吉弘統幸ら諸兵五千である。義統は秀吉の忠告に従わなかった。九月、豊前に反乱があり、これを鎮圧するため四国勢とともに豊前に向かった。四国勢は秀吉が遣わした長曽我部元親親子・仙石秀久・十河有破らである。

この間隙をついて島津家久の軍勢が内府に迫った。十一月初め、義統、四国勢は急遽府内に戻った。十二月、島津家久は鶴賀城を包囲、これを援護する大友、四国勢と戸次川を挟んで交戦、鶴賀城主利光宗魚、長宗我部信親を戦死せしめ、ここを落すと直ちに府内に兵を進めた。大友義統は四国勢千石権兵衛尉とともに府内を脱出、高崎城から豊前国安心院の妙見城並びに龍王城に逃れた。

一方、岡城を攻めあぐねた島津義弘はここを諦め、大分を目指して十二月二十四日、朽網（久住）に移陣、同地で越年した。

この豊後攻めに参戦した天草五人衆は、大野郡朝地の一万田の鳥屋城を落城後、島津義弘から預かった。前城主は一万田鎮実である。

この間、十二月四日付で将軍足利義昭は島津義久・義珍《よしたか》（義弘）・家久・伊集院忠棟宛に秀吉との和睦を勧告した。ちなみに、島津義弘の義は、天正十三年十一月十八日、足利義昭から頂戴したものである。この時点で義弘は本名忠平を義珍と変えた。さらに義弘と改名するのは、この先秀吉に降伏後の天正十五年八月のことである。

島津氏は義昭の勧告を無視した。翌年二月二十六日、義昭はふたたび義弘宛に秀吉との和睦を勧めた。義弘は聞く耳を持たなかった。

天正十五年正月、義弘は玖珠郡の角牟礼城、日出生《ひじう》本村の日出生城を落とし、野上に移陣し、府内に入ったのは三月十二日である。十四日、義弘は府内に一色昭秀と木食上人を迎え、秀吉との和睦を勧告されたが即時に断った。

おりしも関白秀吉は、三月朔日、大坂を発った。総勢二十万という。海路芸州を経、三月二十五日、赤間ヶ関着、二十八日、門司にあがった。

これより早く、三月十五日夜、島津勢は府内をあとに総退却した。島津歳久・新納忠元らは肥後口より、島津義弘・島津家久らは日向口より、敵襲を排しながらの退却で日を夜につぐ強行軍であった。三重・梅之河内を抜け、梓の大山を越えて日向へ辿りついた。

島津氏撤退の報は、一万田鳥屋城を守る天草五人衆へ届かなかった。島津勢の攻撃に耐え抜いた岡城主志賀親善は、島津勢撤退を察知するや鳥屋城を包囲した。親善には考えがあった。城内に呼びかけ天草久種の存否を問うた。生存が確認されると、使者をおくり申し入れた。

ちなみに親善は天正十三年、府内の学院で受洗した切支丹であった。ドン・パウロと称した。

「拙者はいまだ貴殿とは面識なきも、ドン・パウロなる切支丹である。貴殿がドン・ジュアンといわれる切支丹であることは承知の上である。ついては、この誼《よしみ》に依り、貴殿並びに貴殿麾下の切支丹に対し深く親愛の情を示さんと、ここに罷り出た次第である。されば、直ちに城を下り、拙者のもとへ罷りでられよ。拙者、貴殿その他切支丹の方々に対し、いささかの危害を加える所存なく、無事にお助けすることを保証する。ただし異教徒の城主、もしおられれば、城に留まられよ。彼らは豊後および天下の敵なれば、残念ながら死んでいただくほかはない」

久種は返書した。

「貴殿の高貴にして寛大なる申し出に対し、深甚なる謝意を表する。しかしながら、天草の五人の城主、ともに隣同志にて古くから堅い友情にむすばれしもの、また縁戚関係もあり、一心同体ともいうべき間柄なり。されば、貴殿の高邁なる御処置により全員をご助命・放免されんことを懇願申しあげる。それがかなわざれば、仲間たちを見捨て、一人おめおめと命助かるは成し難きことなり。ここにて全員相果てるとも苦しからず」

親善の決断は早かった。久種の心情に免じ全員の放免を許した。

開城ののち親善は五人の城主をねぎらい、一宴をもうけ、その席で久種は親善に自分の華麗な武具を贈り、さらに親善の弟ドン・バルトロメオにも別の武具を与えた。

親善は用心のため、天草氏らを日向と肥後の堺まで部下に送らせた。久種を除く三人の将は、後日機会を得れば宣教師の説教を聞きたいと話しあった。

志岐諸経の一隊は玖珠郡から阿蘇郡へ抜ける予定であった。ところが豊後勢の追撃に遭い、楠郡の野上城に逃げ込み脱出した。

秀吉の本隊は秀吉自ら率い、豊前から筑前秋月古処山城主秋月種実親子を降し、筑紫を経て薩摩を目指した。あとの一隊を弟の羽柴秀長が率い、豊後から日向を目指す。

薩摩の総大将島津義久は総勢二万を日向の高城に集結させた。ここは先に四月六日、豊臣勢が占拠し、鳥取城主宮部継潤の軍勢一万五千が守っていた。秀長の豊臣勢は根白坂で大決戦に臨んだ。藤堂高虎、黒田孝高勢が宮部勢に加勢、勝敗は決した。秀長の使者一色昭秀・木食上人・安国寺恵瓊らの講和の申し入れに、部内和戦両方に分裂するも、遂に義久・義弘の決断で降伏した。四月十七日であった。

四月八日、九州の諸侯が膝を屈して帰順を申し出るなかに、志岐麟泉と天草種元も含まれていた。秋月に滞在していた豊臣秀吉に伺候し恭順の意を表した。秀吉は二人に島津氏討伐の先手を仰せつけた。海上の水先案内である。

肥後口から侵入した秀吉の本隊は出水の薩州島津忠辰を降し、陸上部隊は薩摩川内を目指した。一方、肥後の佐敷には水軍が終結した。脇坂安治・加藤嘉明・九鬼嘉隆の四国勢に小西行長の軍勢である。有馬氏・松浦氏も従った。志岐諸経・天草久種ら天草五人衆は行長の配下に入った。船団の総勢は一万余である。一行は志岐氏らの先導をうけて八代海を横断、黒之瀬戸を押し渡り阿久根沿いに南下、四月二十五日、川内河口に達した。

川内の島津氏の平佐城（薩摩川内市）は、川内川と支流平佐川に囲まれた小体な山城である。守るは地頭桂忠昉《ただあきら》の兵三百余である。忠昉は豊後へ出兵し、そこから肥後路を経て人吉へ迂回撤退して、四月二十三日に帰城したばかりであった。同城の西対岸には、秀吉の陸上軍が旗を立て並べてひしめいていた。

戦端は四月二十九日に開かれた。小勢ながら桂勢はよく耐えた。ところが午後おそく、島津義久が降伏したということが太田某なるものの矢文によりもたらされた。降伏の勧告状であった。翌日、平佐城は秀吉の軍門にくだった。

五月一日、秀吉は阿久根で平佐城降伏を聞き、直ちに川内に向かった。四日、川内の泰平寺に入り、桂忠昉を引見、その善戦を讃《たた》えた。

島津義久は、六日、鹿児島を発ち、伊集院の雪窓院で剃髪し龍伯と号した。八日、泰平寺の前庭で、本堂の階段上に安座する秀吉に平伏して和を乞うた。人質に娘亀壽を差し出し、秀吉は旧の如く薩摩を安堵する旨の印書を与えた。

ちなみに、同年四月十七日、大村純忠が五十五歳で、大村にて同五月二十三日、大友宗麟が五十八歳で津久見にて没した。

五月晦、秀吉は隈本で天草五人衆へ、それぞれ旧領を安堵する旨の朱印状を交付した。大矢野種基宛の朱印状は次の通りである。

肥後国天草郡内に於て、九十町之事、今度御恩地と為し仰せ付けられるべきの上は、全て領地致し、羽柴陸奥守（佐々成政）へ与力せしむ、向後奉公之忠勤に抽《ぬき》んずべき者也。

天正十五年

五月晦日　　秀吉朱印

大矢野民部大輔とのへ

ついで六月二日、肥後南関で、肥後一国を佐々成政へ宛がった。新知行であった。

六月七日、秀吉は筑前の筥崎八幡宮の本陣で、薩摩征討の総決算として、九州一円にわたる国替えを命じた。

大友義統には旧領豊後一国、伊東祐兵には旧領日向の清武・曽井、飫肥三郡、龍造寺政家には肥前六郡、有馬晴信には旧領肥前の高木郡、大村喜前には旧領大村、松浦隆信には旧領勝浦と壱岐、宗義智には旧領対馬、宇久純玄には旧領五島、相良長毎には旧領肥後球磨郡をそれぞれ安堵した。

九州北部では、小早川隆景へ筑前一国と筑後二郡、毛利秀包へ筑後三郡、立花宗茂へ筑後柳川など三郡、筑紫広門へ同郡上妻郡、高橋直次へ三池郡をそれぞれ宛がった。

秋月領主秋月種実は日向の財部へ、豊前香春城主高橋元種は日向の県郡に改易となった。豊前六郡は黒田孝高へ、同郡企救・田川郡は毛利勝信へ宛がわれた。

薩摩・大隅は島津義久へ旧領に近い線で宛がわれた。これには薩州島津忠辰の出水郡が含まれる。戦乱の張本人にしては甘い処分である。秀吉としては、あとに控える関東の北条氏制圧、さらにその先の朝鮮への派兵が視野にあったので、その戦力として大国島津氏の勢力は温存されたのであろう。

六月十九日、秀吉は同地で突如、伴天連追放令を発した。切支丹との友好関係はここに第一回の暗雲が立ち込めることとなった。

肥後騒乱

国衆一揆

天正十五年（一五八七）六月六日、肥後一国を与えられた佐々成政は、秀吉から新領地仕置きの定めを受けた。

五十二人の国人衆へ先規の通り知行を渡すこと、三年は検地しないこと、百姓らを痛めつけないこと、一揆起らざるよう遠慮あるべき事、上方普請を三年間免除すること、の五条であった。

しかし、成政は短慮《たんりょ》であった。秀吉から国人衆に出された領地の朱印状通りの領地を与えず、三年間の検地猶予を守らず、検地を命じたのである。

小代氏の場合を例記する。

秀吉の朱印状は次の通りある。読み下す。

肥後国に於いて、汝本知之内二百町全て扶助し畢、領地所には付上下に相分る、成政従《よ》りの目録別紙を請う取全て知行す可く候成

天正十五年六月二日　　朱印

小代下総守とのへ

これは天文二年（一五三三）大友氏より小代氏へ宛、行った所領四二七町に比し半分以上の減少である。このうち、本知とは所謂本貫地のことで、従来の旧領地から戦国大名によって給された恩地及び、小代氏が押領して侵犯し取得した土地は除かれている。

佐々成政の安堵状は次の通りである。読み下す。

御知行方目録

（明細略）

合わせて百五拾町者《は》御朱印（秀吉）之知、百町者《は》新地と為し仰せ付け被《られ》候、追而糾明之惣領と為す可く候、仍て件の如し

天正拾五年八月廿六日

佐々与左衛門尉

小代下総守殿参

重備（花押）

すなわち、朱印高は二百町歩であったが、これから五十町歩を減じ、つまるところは一五〇町歩である。天文二年の所領四二七町からすると、約三割である。二回にわたる減少は七割にもあたる。

同様にして、隈部氏にあっては旧領千町が朱印前では八百町、大津山氏では三二〇町が五十町へ、辺春氏が七カ村が一二〇町へ、城氏が千町から八百町へ減じられた。

これには佐々氏による減少は含まれていない。戦中のこと故に記録が見あたらない。

七月一日、城村城主隈部親永・親安が、検地強行に反対して菊池氏のかつての本拠である隈府城を手中にし、国人衆に檄を飛ばした。蜂起は燎原の火のように拡がった。

京都北野の大茶会を催していた秀吉に、異変を報じたのは豊前の黒田孝高である。八月二十七日付である。小早川隆景の急報は九月八日であった。

九月二十一日、秀吉は安国寺恵瓊《あんこくじえけい》を総大将として、九州の諸大名その他へ出動を命じた。宇喜多秀家、四国衆らも駆り立てられた。

十二月二日、隈府城が立花勢により、五日、和仁氏の田中城が安国寺勢によって落城し、一揆は急速に終息した。

翌天正十六年五月十四日、佐々成政は加藤清正の立ち合いで、尼崎の法園寺で切腹させられた。五十三歳であった。同月二十七日、隈部親永以下十七人の国衆らが処刑された。同年春、秀吉は肥後十三郡を検地させている。検地奉行は福島正範・加藤清正・小西行長である。すでにこの時、秀吉は佐々氏改易後のことを決していたのであろう。五月十五日、肥後国は二分して、加藤清正と小西行長に宛がわれた。

清正には肥後国の北部、玉名・山鹿・飽田・託摩・合志・菊池・阿蘇・芦北の九郡、十九万五千石が与えられた。このうち、二万石は一揆に参加しなかった小代氏らの国衆に与えられたから、実質は十七万五千石である。行長には肥後国の南部、宇土・益城・八代の三郡、十四万五千石が与えられた。行長は播磨国室津及び小豆島・塩飽諸島など一万石の領主であったから、大出世であった。

球磨郡は旧領のまま相良氏に認められた。

この一揆には天草五人衆は参加しなかった。したがって旧領のまま安堵された。

天正十六年正月二十日、安国寺恵瓊は志岐兵部大輔（親弘）へ出状した。読み下す。

一筆啓せしめ候、当国の儀（肥後国）、御下知を以て、去る秋以来在国され、一揆事、或は討ち果たし、或は赦免され、下城申し付け、人質神文堅く取り候、然ればそこもと御人質の儀、当城に御座候、天下御馳走の儀に対され候、弥別儀無く御忠貞肝要に候、奥州

（佐々成政）の儀、御用に就き、召しあがらせ（改易）候、やがて下国あるべく候、その間の儀、毛利（吉成）・小早川（秀秋）人数幷肥前・筑後の聚指し籠り候、その表の儀、自然に他国より申し候共、当国幷《なみ》の御分別専一に候、猶下国の砌申し承るべく候、恐々謹言。

これは安国寺が肥後にいた時に志岐氏に与えたもので、まだ佐々氏の処分は決していないが、改易されるであろうことをにおわせている。志岐氏は安国寺へ人質を出しているが、それが誰であるかは分からない。別儀なく、忠貞を励むよう進めている。

豊臣秀吉の加藤清正宛の朱印状はつぎの通りである。読み下す。

其の方事、万精を入れ御用にも罷り立つべしと思し食《め》しに付而、肥後国に於いて領地方一廉拝領作《な》され、隈本在城の儀仰せ付けられ候の条、御法度の旨を相守り諸事申し付けるべく候、油断なされるに於いては曲事と為すべく候、其れに付陸奥守（佐々成政）の事、一書を以て仰せ出し候のごとく、去る十四日腹を切らせられ候、然りと雖も家中の者の儀は苦しからず候の間、その方・小西（行長）と相談、其々に見計らい、知行念を入れ之を遣わす、両人の為拘置すべく候、猶浅野弾正少弼（長政）・戸田民部少輔（勝隆）申すべく候也、

（天正十六年）
後五月十五日　　　秀吉朱印
加藤主計頭（清正）とのへ

同様の朱印状が小西行長にも交付されたことであろう。その直後、大矢野氏へも朱印状が交付された。これにより、清正は佐々氏の家来三百人ほどを家臣に受け入れた。

肥後国天草郡内千七百五十五石事、今度御検地之上を以て、新恩地と為し之を宛がい訖《おわ》り、全て領地令《せし》む、小西摂津守（行長）に合宿被《さ》れ、忠節を抽《ぬき》んずべく候也、

天正十六
後五月十五日　　　秀吉朱印
大矢野民部大輔とのへ

また、同様の朱印状が、他の天草衆にも出されたはずであるが、志岐氏と上津浦氏の分は現存しない。天草弾正忠（久種）には六七八五石、栖本八郎親高へは八百石が宛がわれた。

ここで問題は、天正十五年の朱印状では「羽柴陸奥守に与力令む」とあるところが、天正十六年の朱印状では、「小西摂津守に合宿被れ」と変わっていることである。与力と合宿は果た

して同意であろうか。これがのちに問題となる。
秀吉は六月十三日、重ねて清正に対し、朱印状を交付した。

閏五月廿五日書状披見候、そこもと弥相静め候由言分（存分）可と為し候、諸城普請主目（置目・掟）等の儀入念に申し付け候の段尤もに候、其国（肥後）の事、先に仰せ下さし如くに候、小西集（聚）両人に領知方宛がいの条、其の旨を相守り、人数相集め、諸事油断無く申し付けの儀肝要に候、有り付け候上にて在番之者共をも相甘んじ（我慢し）、諸城々の儀立ち置かるべきと、又不入（国使不入権）をば破却之所も之有るべく候、小西にもこの道（通り）申し聞かせ、万事追々言上致すべく候也、

これは、国衆一揆後の諸城を普請して存続するか、また破却するか、油断無く行うことが肝要であると命じる文書のようである。
天正一六年八月二十八日、小西行長は天草弾正忠殿御宿所宛に安堵状を交付した。

御朱印（秀吉）之旨、天草郡内六千七百八拾五石之事、聊《いささ》か以て相違有る間敷くの条、全て知行あるべくの由、向後猶以て忠節を抽きんじらるべき事尤もに候、恐々謹言、
已上《いじょう》（その上）

この中には合宿の件はいささかも触れられていない。これは、他の天草衆にも交付されたはずである。

当時の記録によれば、天草五人衆の所領はつぎの通りである。

熊本藩士の儒者加々美紅星（一七〇一－一七九）の「雑華錦語集」のなかの「前簾天草城主の覚」によれば、次の通りである。

一　天草　壱万弐千石　天草太郎左衛門（天草久種に比定）
一　志岐　壱万石　有馬修理太夫祖父（とする）　菊池兵庫大夫
（志岐兵部親重、即ち諸経）
同隠居りんせん（麟泉）
一　上津浦　八千石　菊池左近（上津浦種貞）
一　大矢野　五千石　菊池弥太郎（大矢野弥太郎種量）
一　栖本　三千五百石　菊池八郎（栖本八郎親高）

天草・志岐氏以外の三氏が菊池と名のるのは不明であるが、過去に菊池氏に属していた証であろうか。志岐氏と栖本氏は菊池氏の流れであるから妥当であるが、上津浦氏と大矢野氏についても不明である。

これは太閤検地の石高と異なっているが、それは知行高と扶持高の差とされる。五人衆の合計は三万八五〇〇石である。これはのちに唐津藩寺沢氏の天草の所領が四万石といわれたのに近似するので、大雑把にいって各人の勢力範囲を示したのもといえる。

天草氏の領域は、フロイスによれば「五人の殿の内でもっとも重要な人物が天草殿で、その領域は、長さが一四里、幅は所によっては四、五里、または二里である。領内に三五の村落・集落と四つの城があり、殿の主な居宅は河内浦という地にあり、殿には四人の息子と二人の兄弟がいた」とある。四つの城は河内浦城・本砥城・久玉城と、大江城か高浜城とされる。二人の兄弟は刑部大輔と大和守である。四人の息子は久種・種方・種倫・種貞であろう。

志岐氏の領域は後世の志岐組・井手組・御領組と飛び地として上島の島子があった。領内の城は志岐城・富岡城（この時点ではまだ建ってない）・鬼池城・下内野城・三川城・城木場城・左伊津城と島子城である。

上津浦氏の領域は上島の北部上津浦・下津浦・志柿・楠甫と砥岐組の神代・高戸・棚底、それに栖本組の一部、大浦から志柿にいたる一帯で、栖本氏との抗争で異同がある。

大矢野氏の領域は大矢野島一帯（維和島・湯島含む）と、上島の一部、二間戸まであったようである。

これより先、天正十五年九月、大矢野種基は河内浦の天草司祭館に使者を送り、上長ゴンサルヴェスに修道士の派遣を要請した。かねてから、豊後の大友氏の切支丹武将志賀太郎親善ドン・パウロの天草五人衆が立てこもる一万田城開城につき、格別の恩沢を蒙り、それに応えようとしたのであった。

秀吉の伴天連追放令が出されて程ないこの時節、潜伏して宣教活動を行う神父が天草にもいたのである。

ゴンサルヴェスは種基の申し出を訝《いぶか》った。使者は答えた。

「我らの君主は、二、三日を要すといえども、修道士を連れ帰るよう厳命され、つぎのように申されました。『予は今や関白どのがいかように教会や切支丹を迫害しようとしているか、十分承知のうえである。予にかんしてはなんらの疑念もご無用である。何となれば、予に禁教を命じられ、その結果、予の生命をも失うといえども、いささかの憶念もない。万事につけ、伴天連と予の親愛なる河内浦城主天草久種どの、ドン・ジュアンに従いいくものである』」

ゴンサルヴェスは納得し、修道士を有馬から呼ぶ時間的猶予を乞うた。

種基は修道士を迎える準備にかかった。領内の諸寺院から仏像、仏具を一掃することである。

一長老が種基に抗議した。

「関白秀吉公、伴天連を日本国から追放なされし折も折、かかるご処置をなされ、自ら切支丹になられるとは、奇怪なことといわねばなりませぬ。先祖代々、仏僧に帰依なされ、家臣らもこれに従い来たるをものを、突然お変えになるとはいかなる災難のおこるや、そら恐ろしきことにてあります」

「これ、予の短慮にあらず。熟慮の末なり。予が切支丹にならざれば、かの豊後の戦いにおいて、志賀殿のご恩顧により、われら皆、今日の無事を得しをいかに報いん。貴僧と論談するは本意にあらず。後刻、返事を遣わす。寺にて待て」

種基は使者を送って申し渡した。

「予の領内に留まるを望む者は、仏僧への帰依を放棄せねばならない。であれば、家臣としての収入を保証しよう。僧たる者の身分を捨て、俗人とならねばならない。でなければ、他国へ移っていくことじゃ」

この直後に長老は急死した。暗殺されたという噂が立ったが、虚報であろう。仏僧で他国へ逃れた者はない。

大矢野島へ派遣された修道士は二人の日本人であった。イエズス会の古参ロケ修道士と肥後の人で前仏僧の新参、バスチャン修道士であった。二人は歓迎され、大矢野殿の館に近い一寺院を宿舎として与えられた。宿舎は毎晩元仏僧二人により交代で警護された。

ロケ修道士は大矢野殿の信心の確かなることを問うた。種基は明言した。

「我ら、豊後のドン・パウロ志賀太郎殿に逢い、天草久種殿との縁なかりせば、今日の平穏はなかったに違いない。我らを結びつけしはデウスの恩徳なり。死すとも忘れるべからず。予が、かつて迫害なき時節に改心せず、この迫害のたけなわなる時節を好んで入信するは、デウスに遇ったからにほかならない。よって己が霊魂をデウスに預けるまでじゃ」

ロケ修道士らは領内に四百人の聴聞者を得るに及んで、上長の来訪を求めた。

ゴンサルヴェスは大矢野種基・その母・妻・長子種量《たねかず》に洗礼を授けた。種基はジャコベ、妻はジョアンナ、種量はジュアンの洗礼名である。ちなみに種基は三十九歳、種量は十歳であった。種基の妻は古宇土城主名和左兵衛佐顕孝《あきたか》の娘である。

ついで、兄天草鎮尚に反抗して、大矢野氏に身を寄せていた天草大和守も受洗した。大和守は自分の入信について、往時の不明を詫び、デウスの教えが真正で正義である旨を悟ったと述懐した。

領主の入信のあと、家臣・住民七百人が受洗し、ゴンサルヴェスの大矢野滞在の十八日間で、二三七一人が受洗した。大矢野島の住民の過半であったろう。

この二年後、天正十七年（一五八九）二月、天草上島の栖本親高は、河内浦の天草久種の肝煎りで、同所の教会にてペドロ・ラモン神父により受洗した。ドン・ジョアンと称した。二十三歳であった。妻も受洗し、ドナ・ガラシャと称した。親高の妻は上津浦種直の妹で、親高の姉が久種の妻ジョアンナである。

同年の聖週間（復活祭前一週間）に、親高は河津浦の姉ドナ・ジョアンナから案内を受けた。親高は姉が会いたいといっていると称し、弟通隆を連れて河内浦に出向いた。二人は姉とともにに修練院で盛大な祭儀を見、説教に聞き入った。仏教徒であった通隆は感激して洗礼を受けた。姉の目論見は奏功したのである。

さらに親高は御昇天の日に十四人の家臣を連れ、大矢野の教会に赴き、説教を聴聞させたのち、いずれも受洗させた。とこうするうちに、栖本の信者は三百人になった。

親高は本砥にいた上長ゴンサルヴェスとルイス・フロイス神父から、父鎮通に対しデウスの教えを聞かれてはどうか、との誘いを受けた。これを通じると鎮通は異議なく承諾した。

洗者聖ヨハネの祝日は親高の洗礼名ジョアン（ヨハネと同名）にちなむことから、意義ある日である。この日を選び、親高は上長ゴンサルヴェスを招待した。六月十七日、上長らは栖本氏の縁者の二艘の船で本砥から栖本に来た。親高兄弟に出迎えられ、宿舎の寺院に入った。領主鎮通は歓迎の弁を述べた。

「予は、妻および家人とともに、切支丹になるといえども、家臣たちには、これを強制するつもりはない。何となれば宗旨替えは自発的になされるべきであって、予の説得を要するものにあらず。よって司祭に申し上げる。家臣らをして心して説教を聴聞せしめ、そのあとで、従来信じていた仏教の宗旨とよく比較考量するよう教示されよ。正しい道理と自然なる判断にて、いずれを選ぶかは、彼ら自身に会得せしめられたい」

翌日、鎮通は自分が保有する仏像、関係書類、護符など、大小百二十点余りを司祭のもとへ送り届け、その処分を委ね、その翌日受洗した。

鎮通の洗礼名はドン・バルトロメウで、その妻はドンナ・クララである。ちなみに鎮通の鎮は大友義鎮にちなむものであろう。

この日、受洗した者は八百人を数えた。その午後、フロイスは本砥へ帰った。鎮通親子が船で一里余りを伴走して見送った。

ゴンサルヴェスは栖本に留まり、翌日、栖本の東宮田に赴き、三三〇人に授洗した。シモン・クレメンテ・ニコラオの三人の日本人修道士は、残る三村を巡り説教を続けた。聖マリアの祝日の前日の六月二十三日までに、ゴンサルヴェスによって受洗した者は、その地で八〇三人に達した。

フロイスは本砥から河内浦へ赴いた。そこへ新たなる事態が待ち構えていた。河内浦には前年、有家から移転してきて種々の施設も出来上がり、これからという時になって、突如、コエリュ管区長から秀吉の指令が伝達されてきたのである。

天草久種を処分するという情報であった。秀吉は伴天連追放令を発してのち、河内浦が伴天連の恰好の避難場所となっていることを察知し、これを亡きものにせんとしたのである。

久種は動じなかった。河内浦の主城のほか、二、三の支城を固めるべく動いた。一方、修練院は大村へ移転することに決めた。また、有馬の八良尾にあったセミナリヨは加津佐に移転、学林はそのまま有家に据え置かれた。

五月から八月二十八日までの間、河内浦の修練院の住人は伴天連ラモンほか一人、修道士ガスパル、カルパロほか二十一人、都合二十四人が在籍していたが、そのうち少数の旧来の神父・修道士が居残って切支丹の司牧にあたり、その他は大村へ移動した。
その後、長崎からの情報は途絶え、いつしか風聞のままに、河内浦討伐は沙汰止みとなった。
この事につき、日本で商業活動に従事していたイスパニャ商人のアビラ・ヒロンは『日本王国記』でつぎのように述べた。

太閤様がさきに豊後に派遣した諸将は、そこでやすやすと薩摩の将兵を追い払ったので、薩摩の殿は太閤に和を請い、彼（太閤）が足をとどめていた名島（小早川隆景の居城地）へ彼を訪れたいと申し送ったが、ここへは下《しも》（九州）のすべての殿が彼を訪問するために参集した。すなわち有馬のドン・プロタジオ（晴信）、大村のドン・バリトロメ（純忠）、平戸の道可と法印その他の殿たちであった。ただこれに欠けていたのは、天草島の領主ドン・ジョアン（久種）で、これは太閤に服従を誓うために出頭する意思がなかったからであるが、しかもこれが後にいたって彼に高価な代償になった。

また『グスマンの東方伝道史』もいう。

一五八九年の一月末（天正十七年正月）、有馬・大村の王達は関白に恭順に行く時がせまって来た。両人はこの問題をどうしたらよいか大変困った。というのは恭順に行かなければ関白の敵という事が明らかになるし、又若し行くとすれば、関白の命に反してパーデレを領内に保護したという理由で捕えて死刑になるか、国土を剝奪される事は明白である。いずれにせよ敵という立場は免れないからである……ドン・プロタジオは天草王ドン・ジュアンにも一緒に同道しょうと誘ったが、(彼は)関白が肥後の諸士(国衆)にしたように、浅野弾正(長政)に彼を殺害する様命じていると推察して、殺害されるならば、武士として立派に戦って死にたいと考え、天草島の他の人々と同盟して武器その他を準備する為それを拒否した。云々。

天草合戦

天正十七年(一五八九)八月、志岐諸経は宇土城主小西行長から、八月一日付の書状を受け取った。宇土城を普請するので「小西家中同然に普請仕まつるべく」要請するものであった。城内協議の末、諸経はこれを断った。

『九州記』(大竹山人著、元禄三年刊)によれば、つぎの通りである。

翌年の春より、小西宇土城経営せしが、天草にも人夫を出し、課役を勤むべき由言遣しければ、以ての外に嘲弄し、先年太閤西海御進発の比、筑前秋月へ罷出拝謁を取て、天草郡を賜りし上、公儀の御役の外行長等が私営に預かるべからずとぞ申しける。

その内実は、先の朱印状の文章にあった。すなわち「与力」と「合宿」の意味の解釈である。志岐氏は秀吉から領知を安堵されたからには、その独立権はあくまで秀吉の保証の元にあり、この点秀吉の一武将たる行長とは同等の立場にあると考えた。よって行長の私的な城普請には賛同出来ない。賛同するためには、秀吉による行長の普請への加勢の発令が志岐氏になされる必要があると断じた。

当時の慣例として、与力と合宿が同義であったならば、それを認識しない志岐氏は田舎侍であったといわれても仕方がない。

このことに関して『清正記』はいう。

小西摂津守行長領分天草地侍、志岐林専（諸経）・天草伊豆守（久種）小西下知に随わず、然る処に、小西は宇土と言う所に城普請等経営す。小西家中同然に普請仕るべき旨、志岐・天草へ申し遣わす。両所返答に、先年秀吉公、薩摩御進発の刻、筑前秋月迄罷り出で、薩摩えの御先手仰せつけられ候はば、千台（川内）川へ舟を押込、忠勤を抽すべき旨申し上ぐ、秀吉公御褒美あって、天草郡を両人へ永く下し給う御朱印頂戴仕る。天下の普請陣立の時は、行長の手に附くべし、其外行長私普請は成り難し、私式も似合いのかき上城を持ち、手前にも普請繁多の趣申越によって、摂津守右の旨秀吉公へ申し上げられしかば、左様のむつかしきやつはらを小西に討伐すべしと仰せ出さる。云々。

これからいえることは、志岐氏の考えは、天下の普請陣立てとは秀吉司令に限るもので、小西氏個人に関するものではない、ということである。これが志岐氏の「合宿」についての認識であった。

小西行長は右記のように、秀吉の承認のもとに志岐氏を攻めた。佐々成政が独断で国衆一揆と開戦した轍をふむことだけは避けた。

志岐城の開戦について『大矢野家の記録』は記す。

（小西の）家臣伊地知文大輔（を）將と為し、其の勢三千引率（し）て九月廿二日志岐の十戸（港）え船共押入る、志岐より軍兵百五十余押向け、鉄砲放（ち）懸（け）、伊地知文太夫下知す。敵者小勢ぞ、壱人も余さず討捕れと、船共一面に押付、陸に揚れば敵敗散す。各進（み）往（く）所に、所々より伏兵を発し、攻軍大将（伊地知文太夫）討死し敗軍に及ぶ、京勢（小西軍）（土地）不案内にて難所え往つまり、石矢にて大勢討死す、舸子（船員）雑人等船頭は船に乗り逃げ帰る、敗軍の乗残す船少々在しに大勢乗込押出す

所に、敵追来り勝時《かちどき》を揚、鉄砲放懸れば船共残らず沈み悉く死す

また別の記録には、油断していて、明日戦うべしと寝込んだところを襲われ、周章狼狽してなすところなく、船にて宇土へ逃げ帰ったとある。いずれにしても、伊地知軍は志岐城に達することなく惨敗した。

ちなみに、伊地知文太夫は大和国河内長野の烏帽子城主で、行長とともに堺から下向して、行長の武将となった。受洗してポーロと称する切支丹であった。

小西行長は伊地知軍敗残を聞くや、直ちに加藤清正に応援を求め、さらに有馬晴信・大村喜前・松浦鎮信ら肥前の衆にも派兵を要請した。

加藤清正は、志岐氏を除く天草の四人の衆に、志岐氏への加担を控えるよう使者を派遣した。天草久種には近藤四郎右衛門、上津浦鎮貞には庄村隼人、栖本親高には奥田九郎右衛門、大矢野民部大輔には柏原佐馬介が遣わされた。四氏は、いずれも委細尤もなるも「後詰勢遣わし申し間敷く」と丁寧に謝絶した。本心は別である。

十月十三日、行長は自ら出動した。『志岐文書』の「親重」（兵部太夫藤右衛門尉始親弘、別名諸経）の項に合戦の様子が記されている。これは『清正記』とほぼ同文で、のちに『志岐文書』に収録されたものであろう。口語体で略記する。

摂津守大いに驚き、人数を集め、主計頭（清正）へ加勢を乞うた。自身渡海致され、清正より佐々兵左衛門・古橋又助・濡野讃岐・山内甚三郎を大将として千五百、小西勢六千五百、都合八千にて押し出し、志岐の城付袋の浦へ押しあがつた。

城より人数を出し、小西陣のきわ迄千方の浜を寄せ来たり、散々悪口した。「京衆々々なぜ鑓《やり》せぬぞ（戦いせぬか）。カブスの皮の素戻りか（カブスは橙で、その皮の素戻りは、物の役に立たないことである）」と歌に作って嘲笑した。（中略）

それより一戦が始まった。敵の首二十一討ち取り、其の勢に城の涯《はて》まで押し寄せた。城主林専（志岐諸経側）は二千にて楯籠っていた。奥の天草（河内浦）より天草氏が弓三百挺をもって相籠った。志岐の城と申すは、南は深山、西北は侍町へ続き、里のその外は海である。東は深い谷底である。塀の涯は岩である。

軍勢は谷合い迄仕寄りを付け、有馬・大村・平戸・唐津勢も志岐の城へ押し詰め、丸山に陣を採った。

林専と有馬は縁者の事なれば、小西（行長）は有馬（晴信）を（使者）して和平を（申し）入れた。林専が下城すれば、秀吉公へ申し、能《よき》に計らうべき由、誓文状を調え差し越さるるに付、有馬はその状を城中に送り届けるにより、大方は和睦せんと、林専内存にありしかども、未だ返答之無きに付て、総軍勢昼夜の境もなく、竹束をもって押し寄せて寄る。

加藤主計頭は兼ねてより小西摂津守行長の手勢ばかりにては、一揆を退治すること成るまじと、軍勢を集め、手勢一万騎にて隈本より川尻という所迄五十町これある所、川尻にて総軍勢を船に乗り浮かべ、十月二十九日川尻を乗り出し、寺田篠介という者を、林専へ使いに申し付け、小舟を先に押し出す。篠介は志岐の湊へ舟を着け、口上した。主計頭の指令に拠り罷り越した。付き従うべき様に相計らうべくと申すべしとのことを云い遣わした。

城中よりも内々小西の和平の事をいって通じていたので、喜悦をなし、迎えとして侍十人ばかりが浜際まで出向いた。主計頭は直ちに志岐の湊へ舟を付け、鉄砲を打ち掛け、迎えに出たる侍供を討ちたおし、こころよげに押しあがり、追手門の向うなるハゲ山に陣を取り、小西の陣所へ参じ、城攻めの評義をなした。小西の人数が手うすなので、人数加勢申さんとて、千五百人を相加えた。

一方、志岐勢には、他の天草衆四人の援軍があった。

大矢野勢　七百余　左の一番備　三段立
一軍　岩屋五郎高正　二軍　はい下源太郎直貞　三軍　原田六郎種朝
栖本勢　六百　左の二番備　三段立

一軍　馬場藤九郎鎮友　二軍　古江四郎衛門安守　三軍　栖本六之助武経
天草勢　七百余　右の一番備　三段立
一軍　木山弾正勝正（正親）　二軍　久玉久太郎守家　三軍　天草主水助種方
上津浦勢　六百　右の二番備　三段立
一軍　大浦彦四郎重常　二軍　下津浦六兵衛景春　三軍　上津浦四郎種貞

したがって、志岐側の総勢は志岐氏二千、援軍二六〇〇の都合四六〇〇である。天草勢の二軍久玉久太郎守家は先に天草刑部が相良氏を頼って久玉城を退出した後、久玉城を任されていたもので、天草氏の要請で本援軍に加担したのであろう。

これに対する小西勢は六五〇〇、加藤勢は当初一五〇〇、これに有馬勢らの援軍三六〇〇くらいか、あわせて一万千余であった。

志岐氏の読みはここまでであった。これであれば何んとか堅城に拠って持ちこたえる作戦であったろう。しかし、加藤氏の後詰の一万は想定外であった。これは誤算であった。

しかるところに志岐の後詰のため天草伊豆守所より木山弾正という者を頭として、弓三百挺、歩立の侍二百、都合五百にて清正の陣所の笠山に陣を取り、河内の浦より天草主水という者が七百人にて小西の陣所、ヒビノ尾の笠山に陣を取り、城中へ申し遣わした。

明朝を切って出らるべし、然るに於いては、三方より押し包み、加藤・小西を討ちとらん事、案内の内と示すといえども、城中にも小西の謀略が廻るにより、謀叛人が数多これあるによって、（応諾しなかった）。

これによって主水は、はかばかしきことあるまじきとして、河内浦へ引き返し、本砥の籠城の用意をする為帰陣した。

木山弾正は天草を出る時、一戦せずば、帰陣すまじきと誓文を立てたことを胸に納め、是非主計頭との一戦と定め、清正の陣所の上の山に陣を取り、清正、行長へ使いをもって申されしは、弾正は我（清正）と一戦と定めたる躰であった。

（清正は）一番岡田仙右衛門・山岡肥前・加藤傳蔵・山口三右衛門・南部無右衛門・近藤四郎右衛門・天野助左衛門を頭として、都合三千を先手と定め、明朝辰の一天に押しあがるべしとて、二番加藤清兵衛・片岡右馬充・長尾安右衛門・加藤与左衛門を頭として二千、三番旗本と相定めた。

辰の上刻に一番備えは本道筋を押しあがった。二番備えは左の尾崎を押しあがった。清正が旗本の者にいった。先手が心もとない。自然一番が敗戦すれば、旗本勢は横筋かいに鑓を入れるべしとて、清正自身は十騎にて一番備えに乗り込み、押しあがった。案の定弾正の三百張の弓に射立てられた。一番備え悉くが敗軍し、登ることも立ち得ない。清正は庄林隼人を使いとして触れを出した。

「清正、これに有り。桟敷の前の軍である。臆病心をなくして押しあがれ」

　この下知なれども、乱立したる敗軍の勢なれば、耳にも入らず散乱した。清正の傍に入る者は、庄林隼人・森本儀大夫・柏原藤五郎・池田甚四郎・和田竹丸・弓持の水谷案之丞、馬印持善吉、草履取乙若・大吉・ヒゲ大工甚七であった。清正は下知していった。

　先勢は敗軍の躰である。追い返し討ち取るべし、とて勇んで身を揉んだ。清正は十騎ばかりに馬印を押し立て踏みとどまり、三十人ばかりの一揆の内へ十文字の鑓を以て、四方八面を払えば、二人を懸けたおした。庄林も敵一人を突き伏せた。息を入れ相戦うところに、左右より五六人が弓を持ち清正の馬印の馬聯《ばれん》を見て、御大将にてはなきや、木山弾正なり、一矢参らせんといった。清正が答えた。主計頭ここにあり、大将の出合いに飛び剣入れるべきや、太刀討ちせんと、十文字の鑓をからりと捨てた。弾正も心得たりと、弓を捨てた。清正、おっ取り、弾正の腿をかけ落として投げた。（弾正は）谷底へ転び落ちた。庄林・森本は弾正の手勢の者に突いて罹れば、弾正討ち死にの上は、その勢いに追い立てられ（敗北した）。

　此の時、清正の十文字の鑓は片鎌が折れて、片鎌になった。清正が難儀にあうを見て、旗本勢は見合わせ、横合いにどっと衝いて入って、一番飯田角兵衛・新美藤蔵・松下清蔵・奥田九右衛門が鑓を入れ、一揆の者共悉くが衝き立てられ敗北した。敵の数四百六十三を討ち取り、清正は終に勝利を得た。味方の討ち死にの侍は九十一人、雑兵二百七十九人である。

天正十七年霜月五日辰の上刻（午前七時）より午の下刻（午後一時）までの合戦である。これが、志岐城の戦いの分かれ目になった。志岐氏はにわかに和平に方向転換をする。

清正と木山弾正の一騎打ちには諸説がある。『続撰清正記』は異説を載せている。

加藤清正と木山弾正の一騎打ちがあった仏木坂峠

続　木山弾正を討ち給う事

右に記す通り、先手敗軍して、旗本までくずれかかって備えを立ちかねたる時、弾正大身の鑓を持って、まっ先にすすみ、御大将と見（参）を呼びたり、木山弾正と申す者也、一鑓仕まつるべきと名のりかけ、いかにも静々と歩み来る清正は床几に腰をかけ、御座して、士卒に下知をし給うが、弾正を屹と睨みて、推参なること申す、といいながら側の片鎌の鑓をおっ取って、立ちあがり給い、手の下に弾正を突き伏し給う、（これを）見て続いて進み来たる敵を二人突き倒し、そのまま討捨てにし給う也。この時片鎌の鐺が少《かけ》りたる（欠けへる）を、躑躅《つつじ》の木の切り株に押し当て二つ三つと、仕直し給い、又足にて踏み直し、掛かり来る敵を突き退け給うたる事なり。十文字の鐺がこの時折れて片鎌になりたると本書にあるは詐《いつわり》也。元来より片鎌也。木山弾正が弓持ちて、清正と一矢まいらんと云いたると本書にあるは詐也、又清正弾正をひやうつて（慓して・輕んじて）鐺をすてられたとあるも詐也。右に書き記す通り也。

ちなみに、木山弾正忠正親は肥後国益城郡木山城主木山左近大夫惟興の孫である。父は木山弾正正友である。天正十三年、島津氏の攻撃に遭い落城、自焼して遁れ、天草伊豆守を頼み、本砥城の客将に迎えられた。正親の妻お京が、天草鎮尚の妻の妹である縁による。本砥城主天草種元は天草久種の伯父である。よって弾正は久種とは義理の甥、伯父である。弾正はドン・ジョジュル、種元はドン・アンドレと称する切支丹であった。

これを機に、志岐城内では度々評議が持たれた。金子・平井ら重臣は言上した。

「こたびの戦、志岐君一人への軍《いくさ》にあらず、詮ずるところ、五人衆への鬱憤なれば、ひとまず落ち給え」

林専は答えた。

「いまとなっては、この軍勝つべきにあらず。城を枕に討ち死にし、名を後代に残さん」

郎等はいった。

「御尤もなれど、これより数多御座れば、是非薩摩の方へ落ちられよ、御跡々のことは宜しく計り申す」

『志岐文書』は言う。

加藤清正との戦いに敗れた木山弾正の墓（天草市提供）

志岐内々和平の使を申立、清正へ使を立、城を渡申へき条、よきに頼と申しかば、下城有へしと小西相談し、城を行長請取・林専は下城に及ける。

薩摩は林専諸経の妻の里、薩州島津家で、当主島津忠辰は義兄弟である。志岐林専は自分は居残り、父麟泉、その実子神五郎を先に下城させ、山沿いに薩摩へと向かわせた。ついで、人質として、自分の妻を行長に預け、自分は城明け渡しののち有馬氏を頼った。

十一月八日、小西行長は秀吉の側近浅野弾正少弼へ戦勝報告を送った。

（志岐勢）数三万余相添え、本丸に相籠候を、志岐討ち果たして忠節と為すに仕まつり、命の儀懇望仕まつり候間、扶《たす》け申す儀は、京都へ申し上げ、上意を得るべき由申し候て、先ず天草の者ども今日八日巳の刻（午前十時）一人も残さず討ち果たし申し候、当城の儀は申すに及ばず、葉（端）城二、三ケ所御座候をも、急度請け取申すべく候、度々の合戦に天草役（五人衆）にも立ち申す程の者をば、大形討ち果たし申し候間、当島の儀は残す所なく申し付け、とみに越年に罷り上がり申し上ぐべく候。……主計頭（清正）自身罷り渡られ候事、御国をあけ申し、両人ながら罷り立ち候儀、御錠を得ず如何思し召さるべく候哉と、種々相留め候得ども、去る廿八日此の表に到り罷り渡られ候間、是非に及ばず、諸事申し談じ、九州置目（法度）御座候間、越度御座無く候様に申し付け候事。

前段は志岐城落城のことで、三万人の籠城とは大げさな表現である。命の儀とは志岐氏助命のことである。秀吉の意向を尊重する旨の懇望である。後段は清正の小西勢加勢は秀吉の了解なしに行われたので、その弁明である。

清正も志岐城落城を報じた。秀吉は十一月二十一日返書した。

書状御被見を加えられ候、志岐城成敗の為、小西相動くに付、人数相添え遣わし、自身又渡海の旨尤もに候、然して後詰として天草へ出候の処、其方手前において追い崩し、悉く切り捨ての由、手柄比類なく候。遠路（弾正の）首差し上げに及ばず候。重ねて志岐・天草物主（財産持）共へ申し付け次第、彼首共持ち上げるべく候。猶以て行《てだて》の儀、涯分（相応に）手を惜しみ、越度無き様に小西摂津守と相談すべく候。侮《あなど》り候にて卒爾《そつじ》の動き仕るべからず候。猶浅野弾正少弼・増田右衛門尉に申すべく候。

清正の独断専行はお咎めがなかった。清正はこれを受けて十一月晦日、志岐兵部大輔入道（麟泉）宛に返事を送った。

其の地に至り差し越され候以後、是より申し入れず、所存の外に候、此表の儀、寒天の砌、長陣如何かと存じ、即時に責め崩し候、先ず明日帰陣なされるべくの覚悟に候、次いで御身上の儀、重ねて申し談ずべく候の条、御心安かるべく候、聊かも某《それがし》如在之有る間敷く候、此中如在の様に候と雖も、手前の儀については右の分に候、委曲面談の時期すべく候、恐々謹言。

麟泉の身柄は安堵されたのである。それほど、麟泉の存在は重視されていた証であろう。十二月五日、秀吉は行長に申し渡した。

志岐の城落居の様子言上に候、早速申し付け候段、尤もに思召候、志岐事、除名候と雖も、妻以下残らず行長の近所（宇土）へ引き越し候て、彼の城には別人容れ替わるべく候、然して天草表へ及び行く由、加藤主計頭相談、越度無き様に申し付け候、次いで五嶋・平戸八幡の者共、高麗の儀聞き届け召され候、猶浅野弾正少弼申すべく候、以上。

同日、秀吉は念のため清正にも申し渡した。

志岐城落居の様子言上に候、小西摂津守同前に相動き、砕手の由聞き届け召され候、油断無き儀、尤もに思し食《め》され候、次いで天草表の儀、是又小西と相談、越度無き様申しつくべく候、猶浅野弾正少弼申すべく候也。

よって志岐城には新城代として、行長の将日比屋兵右衛門了荷、洗礼名ヴィンセンテが任じられた。河内浦城に居た天草久種は志岐氏敗北に同調しなかった。志岐に派遣した配下一二〇人を戦死させ、その屈辱は晴らさなければならない。小西らの次の攻撃目標、天草氏の支城本砥城へ、弟主水助を派遣して援護した。

十一月二十日、小西・加藤の連合軍、それに支援の肥前の衆は本砥城を包囲した。『続撰清正記』は記す。

ほんどの城と申は、三方はさかしき難所なり、一方は山へつついたる所、是を大事におもい堀をほり、塀棚をつく、二方は清正請け取り、一方は小西、一方は四頭（有馬・五島・大村・平戸）衆請け取り、二十一日より二十四日迄、竹把を持って、昼夜のさかいなく責め寄するに依って二十四日の晩、堀際二三間迄、清正人数押し寄せ、互いに鉄砲矢の軍《いくさ》始る……相戦い敵三十一人打取捕、清正より行長其外四頭衆へ使いを遣わし、明二十五日辰の刻、此城を乗っ取るべしと有、家中別して粉骨を抽くべしと惣軍兵召し寄せ、清正立てまわれしは、人は一代名は末代、あっぱれ武士の心かなと、三偏押し返し押し返し、大手を打ってまわれ、酒を軍兵共へしい（強い）られる、明朝敵を打取捕申すべき事手の内に有と勢つつ、下知を待ちし処に清正せいろう（城楼）に上がり、貝を吹き立て、懸かれ懸かれと下知せらる……敵防ぎ戦うといえ共相叶わず、一人も洩らさず落城す。清正手へ打取首数七百山十余、清正手の者討

本砥城址遠景。十万山からの眺め（天草市提供）

ち死に、侍百十九人、雑兵共に五百七人也、城主天草伊豆守妻子共差し殺し、切腹して、
霜月二十五日落去せしめ畢《おわる》。

本砥城主天草伊豆守種元の守勢は、天草主水助の援軍を含めても一三〇〇人もいなかったであろう。栖本・上津浦・大矢野氏は、志岐城の敗北で行長の監視下にあり、天草氏を援助するなどもっての外であった。

本砥城内にはイエズス会の住院があった。ジョアン・フランシスコ・ステファノニ神父とバルトロメオ修道士がいた。城主が切支丹であったことから籠城者はほとんどが切支丹であった。行長は前もって副管区長コエリユに、司祭らが城内から退去するように要請して同意を得、直接城内に使者を送りこみ、退去を受け入れる用意があることを伝えた。ステファノニ神父は答えた。

「わたしどものみ、信者を放置して、ここを退去するは、叶わざることです」

戦中、行長の行動は煮え切らなかった。清正は再々攻撃出動を督促した。行長は城主種元に通じ、切支丹の脱出を目論んだ。

城内では、すでに落城を見越して、死を覚悟した切支丹が大挙して神父に告解を求めた。銃声の轟くなかでの告解であった。栖本の司祭館から出向いてきていたアントニオ神父は、逃亡者の保護を行長に願い出た。深夜、行長は切支丹の配下千人に命じ、門を解放し逃亡者の誘導

に手を差し伸べさせた。しかも、米二百表と野菜の食糧をあたえ飢餓を防いだ。こうした中にお京の一子もいて、切支丹に匿われて逃れた。

清正軍に仕懸けた女人勢があった。木山弾正の妻、お京の一隊である。フロイス（日本史）は記す

> 城主ドン・アンドレ（種元）とドン・ジョルジュの妻（お京）女、およびその娘や息子の嫁たち、またその他貴婦人たちは、すでに自分たちの夫や親族の有る者は傷つき疲労し、また他の者は戦死を遂げてしまい、もはや人間的に救われる道はなく、しかも武器を手にして対処するほかはないことを知ると、三百《ママ》人（実際は三十人程）ばかりの婦人たちは集合し、自分たちが直面している切迫した危険を明白に認め、女性としての本来の弱体と臆病さを忘れ、勇敢な女侍のように全員が一丸となって戦局を盛り返し、自ら力の限りを尽くして敵に抵抗しようと決意した。彼女たちはその目的で武装し、すでに疲労し負傷している息子や夫たちの前面に進み出て、死ぬまで戦い、あるいは敵から勝利をかち取ろうと健気にも覚悟した。かくして彼女たち

本渡城址内にある天草種元の碑（天草市提供）

はほとんど全員がすでに告白を済ませ、娘であると既婚者であると寡婦であるとを問わず、より自由に、妨げられず戦えるようにと髪を断ち切り、その長衣が邪魔にならぬようにと、慎み深く裾を必要なだけからげた。ある者は鎧をまとい、他の者は太刀を帯び、またある者は槍とか、その他その場で入手できた種々の武器でおのおの身を固めた。（中略）

だが、なにぶんにも虎之助（清正）の兵士は大勢であったし、彼らにしてみれば、すでに（敵方の）男たちを征服しているのに、いまさら（その生き残りの）婦女子に敗北を喫するようなはなはだしい不名誉にとうてい堪えることができなかったから、彼らは恐るべき勢いをもってその場で猛攻撃を加えた。三百人いた婦人たちのうち、生存者は二人だけで、しかも重傷であった。こうして彼女たち全員が刀で殺され、戦場に身を曝した。

後ほど当の敵（加藤の兵）までが（こう）言っていた。

「天草の兵士は男ではない。婦女子が、もっとも勇猛果敢な兵士に勝って勇戦したのだから」

加藤勢の討ち取った敵勢は七三四人、加藤勢の戦死者、武士一二九人、雑兵共に五七〇人、小西勢が討ち取った首級は八十余であった。

小西勢の戦死者は不明であるが、ほとんど無傷であったであろう。これに比べれば、加藤勢の犠牲者は甚大である。しかも、小西氏の領土安泰のための戦いである。本来であれば、このあと、天草氏の本拠河内浦城を攻めるべきであったが、加藤勢はそそくさと隈本へ引きあげた。割の合わない戦いであった。以後、加藤・小西氏の不仲の因となるもとである。

天草久種は小西行長のもとに司祭ペドロ・ラモンを使者に立て、服従を申し出た。行長は答えた。

「予の権限であれば、久種公に対し、安堵もしよう。しかしこれは出来ないことである。かかることは関白のご一存にかかっておる。ことの経緯を報告し、久種公、安堵されるべくとりなさん」

河内浦城は行長の監視下におかれた。本砥城は切支丹で有能な直臣アンドウレース小笠原に任された。新城代は行長から密命を受けた。上津浦城主種貞の入信である。

小笠原城代は上津浦領に接する栖本氏の力を借りた。栖本城主親高の夫人は種貞の姉で、親高が受洗した時、同じく受洗し、ガラシャと称する切支丹であった。

よって上津浦種貞は授洗した。洗礼名はドン・ホクロンである。時に十三歳であった。城主の入信により上津浦の信者は急速に増え、三五〇〇人に達した。ほどなく司祭館と住院が建てられた。神父アルバロ・ジャス、マルコス・フエレイラそれに修道士フイラタ（平田）・ジョルジュが常駐した。

かくて天草五人衆と称された城主のうち、棄教した麟泉を除き、全員が切支丹になった。

文禄・慶長の役

秀吉の朝鮮への出兵

天正十八年（一五九〇）三月二十九日、豊臣秀吉は小田原の北条氏の枝城《えだしろ》山中城（城主松田康長）と韮崎城《にうざき》（城主北条氏規）への攻撃を開始し、同年七月五日、本拠小田原城を陥落せしめた。当主北条氏直は自らの切腹と引き換えに城兵の助命を乞い降伏した。しかし、氏直は徳川家康と昵懇《じっこん》の間柄であり、家康の取りなしで一命を助かり高野山へ追放となり、代わりに北条氏での主戦派であった前当主北条氏政（氏直の父）とその弟氏盟が自害した。

これにて日本全国六十六国が平定された。秀吉の宿願は次の目標に向うことになる。

この時の秀吉の総軍勢八万二千のなかに、加藤清正と小西行長の名前はない。なお肥後の経営に専念すべく参戦が見送られたのであろう。この理由のもうひとつが対朝鮮との事前の準備のためであった。

天正十九年八月、秀吉は朝鮮出陣を発令した。石田正澄の相良長毎に宛てた八月二十三日付書状はいう。

来年三月朔日に唐（明国）へ乱入されるべき旨に候、各々も御出陣御用尤もに候、なこや（名護屋）御座所御普請、黒田甲斐守（長政）、小西摂津守（行長）、加藤主計（清正）へ仰せ出され候、筑紫衆者軍役三分の一ほとツヽ用捨仕まつり候へと、御錠候、定めて両三人も如在有る間敷く候、猶承り届けの様子追て申し入れるべく候間委ねず候、恐々謹言

これは、鹿苑僧録有節瑞保《ゆうせつずいほ》が前田玄以に呼ばれ、東福寺方丈で休息していた秀吉から指令されたものである。文中「乱入」の言葉は、いみじくも、秀吉の本心を現わしている。出兵の大義名分がない。

同年十月十日、浅野長政を総奉行に、縄張奉行に黒田長政を任命、朝鮮の兵站基地である肥前名護屋の地に築城が開始された。

翌天正二十年（一五九一）正月五日、秀吉は唐入りのため全国の諸領主に軍令を発した。明国へ行くと称し朝鮮の先導を要求しこれを拒否されたので、朝鮮内の通路へ押し入るためである。「明国先導」から「仮途入明」にかわった。

総動員数三十万という。陣立の先鋒は一番小西行長、二番加藤清正である。一番の総勢一万

三七〇〇人、内小西行長勢七千人、松浦鎮信勢三千人、大村喜前勢千人、五島純玄勢七百人、有馬晴信勢二千人である。

二番の総勢二万二八〇〇人、内加藤清正勢一万人、鍋島直茂勢一万二千人、相良長毎勢八百人である。

行長の配下に天草久種・大矢野種基とその子種量・栖本道隆・上津浦上総佐（種貞）・志岐諸経がいた。

行長と天草久種の関係はすでに修復済みであった。つまり、本砥城落城の年、天正十八年の年末、行長が上京の途次、播磨の室の津で、これも秀吉に遇うため上京中のイエズス会の巡察使ヴァリニヤーノと面談、久種の処遇について協議し、巡察使の取りなしで和解に同意、のちに秀吉の了解を得たうえ、天草久種を安堵したものである。

天正十九年三月十日、行長は本砥の農民に布告した。

「態々申し遣わし候、本砥の儀は天草殿へ代官と為し預け置くの間、百姓中何れも其の意を受く可く候也」

久種は河内浦にあって、本砥を管轄したのである。

しかし、この「天草殿へ」を天草久種とすると、代官は別人であるとの説を生んだ。久種を代官とするには、「天草殿を」としなければならないからである。であれば、久種以外の人物で、久種の息のかかったものは、久種の弟種倫《たねみち》であろう。よって、布告の文言は「天草殿久種へ、天草種倫を代官と為し預け置く」という文意になる。

一方、志岐諸経は、一旦有馬氏を頼っていたが、行長と和解、宇土へ移転、ついで妻とともに八代にあった。このとき前後して切支丹になった模様である。

天正二十年（一五九二）四月十三日、一番隊の小西勢は釜山に上陸。直ちに釜山鎮《ふさんちん》を落とし、十四日、東莱城を陥落せしめた。この時、一番隊には新たに対馬島主宗義智《そうよしとも》の五千の兵が加わっている。ちなみに行長の娘は義智の室である。

以後、破竹の勢いで北上。梁山《りょうざん》（ヤンサン）・密陽《みつよう》（ミリヤン）・清道《せいどう》（チョンド）・大邱《だいきゅう》（テグ）・尚州《しょうしゅう》（サンジュ）と攻め上がり、五月二日、朝鮮国王の逃亡により空城となった主都漢城に入った。この漢城入城については、加藤清正勢と先陣争いがあったが、一日の差で行長に軍配あがった模様である。

六月十五日、大同江沿いの平壌城での戦いに天草の二人が登城する。従軍宣教師セスペデスの報告による。

大矢野種量が腕に負障したが、健気にも脱出に成功したというから、小西勢平壌撤退のときであったろう。

また天草久種は戦中、乗馬が倒され、すかさず代馬にまたがって奮戦するも、また乗馬が倒され、危機におちいった、が家臣の決死の防戦によって救われた。このため、その家臣は落命した。のちに久種は死んだ家臣の妻に禄と食糧を贈った。この戦いで久種は三十人余の家臣を失った。

久種の留守中の河内浦には、当時コレジオ（学林）とノビシアド（修練院）、それに付属して印刷所があって、多くのイエズス会員がいた。コレジオには遣欧の使節から帰ってきていた四人の修道士がいた。すなわち伊東マンショ、中浦ジュリアン、千々岩ミゲル、原マルチノである。

同年五月頃、栖本親高《ちかたか》のもとへ、秀吉の朝鮮出陣に反対する、薩摩の大隅国菱刈郡湯之尾の地頭梅北宮内左衛門国兼《うめきたくないさえもんくにかね》の使者小森重兵衛ら二人の来訪があり、国兼への加担をすすめられた。国兼は秀吉から島津氏が敗北を喫し、その怨念をはらさんものと宮之城城主島津歳久を旗頭に事を構え、与力を求めるものであった。要は、天草五人衆が小西勢に討たれたのは、関白秀吉が小西行長の無謀な宇土城普請を制止しなかったからである。よって、五人衆没落の元凶は秀吉にある。さらに、今度の朝鮮の役についていえば、秀吉の正義なき覇権主義によるものにして、これは何としても糺されなければならぬ。目標は、秀吉の御座所、名護屋城の殲滅《せんめつ》である。

栖本親高及び父鎮通はこれに賛同。志岐氏の残党を味方にし、梅北国兼が占拠した肥後の佐敷城をめざした。佐敷城は清正の支城である。留守居の安田矢右衛門、井上弥一郎らの機転で、六月十七日、梅北国兼は討たれた。たった三日の反乱であった。栖本親子は佐敷城に向かう途中で討たれて戦死した。

栖本氏は存亡の危機に襲われた。親高の嗣子又七郎鎮弘はなお幼い。栖本氏の遺族は小西の宇土城に引きとられた。行長の臣矢部の愛藤寺城主結城弥平次は、巡察使ヴァリニヤーノと相談、親高の弟で朝鮮に出陣中の栖本通隆を後継者とすることにした。

この時、上津浦・大矢野氏の遺家族も小西氏に預けられた。秀吉への謀反の根を断ったのであろう。

志岐では、城代日比谷兵右衛門の朝鮮出陣で、留守はその妻アガタに託された。おりしも、志岐にはイエズス会の画学舎《がくしゃ》があり、教師はイタリア出身のニッコロ修道士で、十四人の日本人の学生がいた。彼らは諸教会の祭壇画を描くのに忙しかった。またオルガンや時計も作っていた。これらはアガタの保護もあり、奇妙な平安の時を過ごしていた。

一方、薩州島津忠辰《ただとき》は、島津義弘の傘下で、義弘軍のあとに続き、釜山へ上陸、直ちに参戦しなければならないところを、病気と称して容易に動こうとせず、船中に留まり続けた。

忠辰には考えがあったようである。本家島津義久が、やすやすと秀吉の軍門に降ったことがまず気にいらなかった。ちなみに、忠辰の次弟忠隣《ただちか》は祁答院《けとういん》宮之城城主島津歳久の養子で、秀吉の薩摩攻めに際し、東征軍と戦い日向高城で戦死している。

秀吉と義久に対し、含むところがあったのである。

文禄二年（一五九三）五月朔日、秀吉は忠辰を臆病を構えたとして知行を召し上げ、改易した。同年八月二十七日、忠辰は小西行長の陣屋、加徳島で死んだ。処分後、極めて短時日の不審な病死である。

これは、出水の薩州家の保護のもとにあった志岐麟泉に影響を与えた。麟泉は出水を出なければならなくなった。さらに、不幸が追い討ちをかけた。同年十一月二十日、実子神五郎が急死した。神五郎には妻がいた。天草主水助の娘である。もしくは久種の妹とする説もある。彼女は離縁して天草氏へ返した。麟泉に流浪の旅が始まった。

これについては、フロイスの『日本史』（第九巻十七章）には異説がある。


志岐殿（麟泉）は（実）子に代わって息子（諸経）としていた人を決してキリシタンにしょうとはしなかった。それどころか（この時から）十七年が経ってからのことであるが、殿はその養子を殺して、同家の相続権を、自分の甥でガスパルという教名の一人の非常な貴人であるキリシタンに与えようと決心した。だがそのことが人々に知れてしまい、また養子はそれより先、出水の館の一女と結婚していたので、その老人（殿）は、自分がまったく不当な手段で手に入れたその財産をその養子に残して置くまいと考えて、自分の城に放火することに決心した。事実そのように行われ、その際、彼が所有していたものことごとくが焼けてしまった。だが彼（自身）は天草に逃れた。ついで彼はふたたび自分の養子と和解した後に、彼を殺そうとの計画を実行するに至った。そこで彼は、薩摩の国主によって、完全に肥後の国に追放され、そこで捕虜のようにして保留され、まだ所持していた銀で一千クルザードを越える金を没収された。追放されて六、七年後、ついに不運で哀れむべき老人は、不遇と背教のうちにその悲しく不幸な生涯を終えた。

フロイスがこれをどのような資料に基づいて作成したのかは分からない。理解しがいたい文面である。麟泉に対して悪意がある。それは、彼が背教者であったからである。文中、麟泉が受洗したとき、諸経に受洗を進めなかったことは事実である。また、甥ガスパルとは麟泉の弟経弘の二人の息子のうちの一人であろう。諸経が「出水の屋形」城主島津義虎の娘と結婚したのは天正八年（一五八〇）のことである。その後、麟泉が諸経を殺そうとしたとする日本側の資料はない。これに類似することは、天草合戦で志岐城の戦中のことである。城内で、和戦両方につき種々口論があったことはあり得ることである。生死にかかわる意見の対立があったことであろう。あるいは、城を焼いて自刃するか、逃亡する意見もあったことであろう。

「だが、彼は天草に逃れた」とは、志岐落城後、麟泉が薩摩に逃れる途次、天草氏を頼ったことは事実であろう。そして「薩摩の国主によって完全に肥後の国に追放され」とは、秀吉の島津忠辰改易による出水からの出国であろう。肥後のどこに逃れるかが問題であった。所持金一〇〇〇クルザードは、おそらく妥当なことであるが、没収というより、薩州家への世話料、もしくは礼金と考えられる。

島津忠辰の領地は没収されて天領となった。代官は唐津城主寺沢正成である。文禄四年（一五九五）四月、このうち出水郡内一万石が、対馬島主宗義智に与えられた。宗氏はこの管理を小西氏に委ねた。

志岐麟泉としては、仇敵小西行長の息のかかるところは避けたい気持ちであったろう。しかし、肥後は小西・加藤両氏の領地で好ましくない。以後数年、麟泉の行く先は杳《よう》として知れない。

文禄五年（一五九六）九月一日、秀吉は大坂城で、明の冊封使《さくふうし》・正使楊方亨《ようほうきょう》、副使沈惟敬《ちんいけい》を接見した。朝鮮国王の詔勅、告命、勅諭が奉呈された。

これは小西行長らが沈惟敬と計らった、明国と日本の平和条約の締結のための使者であった。条約の前提は、朝鮮からの日本軍の撤退であった。接見後、秀吉は花畠山荘で僧承兌に、奉呈された文書を読みあげさした。

「爾を封じて日本国王と為し、以て冠服、金印、誥命《こうめい》（封爵もしくは官吏の任命）を錫《たま》う」

ここに至って秀吉の顔色が変わった。

「われ自ら日本の王なり、何ぞ明朝の封を受けようや」

秀吉は激怒した。条約は破棄された。

これは行長らの狗肉の策であった。明国に対しては、同等の平和条約では信使派遣はならず、かといって、これを秀吉にあからさまにいっては、もともと接見の機会さえ得られず、よって表面的には明国が降和を乞う形で秀吉の了解を得ていたのである。

「封ずる」とは家臣に対する言葉で、受ける方は臣従しなければならない。

この時、明使に随行して朝鮮より遣わされていた通信使黄慎らは、秀吉に拝謁も許されず、空しく帰還した。

慶長二年（一五九七）二月二十一日、朝鮮西征の陣立てが発令された。慶長の役の始まりである。ちなみに文禄が慶長に改元されたのは、文禄五年十月二十七日である。

慶長の役の山場は、加藤清正の守る蔚山城《うるさんじょう》の戦いである。蔚山の島山に築城が開始されたのが同年十一月十日ころである。完成間際の十二月二十三日早暁、明・朝鮮連合軍によって攻撃を受けた。籠城二カ月近く、敵の猛攻にさらされ、食糧は絶え、極寒と飢餓に堪える日々であった。翌年正月四日、明・朝鮮連合軍は、日本の援軍到来を察知し、引きあげ、蔚山はかろうじて危機を乗り越えた。

この時、小西行長は順天の倭橋城《わきょうじょう》に拠っていて、蔚山の支援に参加していない。

慶長三年一月二十六日、宇喜多秀家は毛利輝元・蜂須賀家政らと協議。戦線の縮小を決め、朝鮮三奉行、石田三成・長束正家・増田長盛へ申請した。蔚山城は放棄、行長の順天倭橋城も、「海陸共に加勢成し難き所にて」放棄して、島津義弘在番の泗川《しせん》へ移し、義弘は固城へ移す計画であった。

同年九月下旬、順天倭橋城は明・朝鮮連合軍の包囲をうけ、さらに十月二日、水陸両面からの総攻撃を受けた。

十月八日ころ、行長は太閤秀吉の死を知らされた。泗川からの情報であった。

これより先、同年八月十八日、秀吉は伏見城で没した。豊臣五奉行、五大老は朝鮮在陣の日本軍の撤退を決した。しかし、在陣の諸将への書状では、現地への見舞いとして使者徳永法印と宮本長次を遣わされた。秀吉の死は秘匿されたのである。両使が釜山浦へ到着したのが十月一日、泗川城へ入ったのが十月八日である。ここで、秀吉の死と日本軍の撤退計画が極秘で島津義弘に知らされたことであろう。これは直ちに順天の行長に急報された。

行長は明の劉提督と和議にはいった。ようやくこれが調い、十一月十二日、行長は人質を受け取り十三日に撤退を開始し出船するも、先発の数船が逃げ帰って来た。明・朝鮮の水軍に襲われたのである。陸将の劉提督の和平締結の指令は水軍に通じていなかったのである。

行長は劉提督の非を詰るも要領を得ず、改めて直接、明の水軍の将陣璘都督に賄賂を贈って退路の安全を掛け合うも、朝鮮統制使李舜臣の内諾を要すとの返事に、ついに十五、六日頃、舜臣との間に人質を入れることで交渉はようやく落着した。その間、泗川へ援軍を請うた。

泗川城の島津義弘は、明の遊撃将茅国器《ぼうこくき》から人質十七人を取って和解。十六日、城を焼き払って、泗川の南方海上の昌善島へ移駐。そこで小西行長・松浦鎮信・有馬晴信らと待ち合わせる手筈であった。そこへ行長の早船の注進が届いたのである。

十一月十七日、島津・立花・宗の軍勢総数一万二千は、兵船五百艘で順天へ向け西進、翌十八日払暁、露梁津の海峡で明・朝鮮の水軍の一斉射撃を浴びた。陣璘率いる明水軍、李舜臣率いる朝鮮水軍・総勢力一万五千、兵船五百である。海戦は正午ころまでに決着した。日本軍は二百艘近くが焼き討ちにあい、焼、溺死するもの、その数を知らず、惨敗であった。義弘はわずか五十艘で脱出した。

李舜臣は左腋に銃弾を浴びて戦死した。

十一月十九日の早朝、行長は封鎖されていた順天倭橋城を脱出した。この一連の順天の戦いで大矢野種基・同種量・栖本通隆・上津浦上総助が戦死した。

小西勢ら朝鮮の西目衆が釜山浦を出国したのは、十一月二十五日、最後の撤退であった。

麟泉の死

天草の下島の東に八代海に面して天草郡大多尾村がある。小西氏の領土である。

慶安四年（一六五一）の「肥後国大道小道等調帳」に「大田尾村之内に雨を告げる船着す、西北風に船百艘程懸る」とあって、良港である。

目と鼻の先は出水郡内の獅子島である。これは、なお対馬宗氏の所領である。小西氏に管理が任されていた。『新和町志岐麟泉』によれば、つぎの通りである。

老いたる武将麟泉は、その後故郷天草を忘れ難く、帰郷を試み出水の対岸大多尾に上陸したが、すでに行き先宛てもなく、無念にも大多尾の陣山（田淵）にて自刃して果てた。
また麟泉が志岐城を脱出、ここに滞在中の出来事があったことが、伝説としてある。

その折、沖合い遥かの彼方から追手に帆を張り、近寄って来る数隻の軍船が見えた。それは、薩摩からの迎えの船だったが、それを肥後の討手と見誤った麟泉は、その場を去らず、逸早く自刃して果てた。村人これをいたく哀れみ、篤く葬り、一社（麟泉社）を建ててその冥福を祈った。（松田唯雄『天草郷土史叢説』）
これに関し、新和町の麟泉伝は続く。

大多尾の村人達は、麟泉が志岐の城主であり、偉大なる武将であることを知り、志岐の家臣達とともにこの地に葬ることにし、村人と志岐の家臣相計らい、せめて志岐の方向北向き土佐平の台地を墓地と定めた。村人たちは麟泉が人格者であることから、遺体を運ぶ担い棒に石棒を使ったが、途中で石棒が折れたことから、この辺りの地名を（石棒）と呼んでいる。

麟泉の体は、大男であった。延享五年（一七四八）二月二十八日、村人によって墓所移転のため遺体を発掘し、宮社に合祀するため改葬しているが、その時遺骨は計寸された。

頭の周り　（頭蓋骨）　一尺七寸五分（いずれも鯨尺）（六六センチ）
脛　　　　（脛骨）　　一尺四寸　（五三センチ）
股骨　　　（大腿骨）　一尺六寸　（六〇センチ）

平井家の家伝では「麟泉公文禄四年（一五九五）己《ママ》（乙）未卯月五日天草郡大多尾村に薩州より渡海病歿、八十八才」（上田久淵伝）とある。

志岐城から望む志岐平野

死亡の年月については異説がある。ひとつは、慶長三年（一五九八）十月朔日、病歿である。あとは、慶長六年（一六〇一）辛丑卯月五日、病歿、八十七歳（志岐大庄屋平井家系譜）である。

慶長三年説では、秀吉の死を麟泉が喜んだという説があるので、可能性はないとはいえない。しかし、これが正しいとしたとしても、実際に秀吉の死は戦役が終了するまで秘匿されたから、麟泉は知る由もなかったであろう。

慶長六年説は、行長の死の翌年で論外であろう。

先の大多尾の沖に薩摩の軍船が来たという説は、まだ薩摩に行

志岐城内にある麟泉公を祀った祠

く前の話であるから、信じるわけにはいかない。実際に麟泉は出水に行っているからである。しかし、麟泉社の建立は事実である。

信憑性からいえば、故郷忘じがたく、帰郷のため出水から大多尾へ来たとするのは概ね正しい。しかし、出水を出て、多尾へくる過程で、数年間どこにいたかは不明のままである。おそらく流浪の果、獅子島のあたりに逼塞していたことであろう。いずれにしても自刃する理由はない。故郷忘じがたくとは、志岐を目指していたはずであるからである。よって病没である。

のち安永五年（一七七六）、麟泉の遺骨は分骨されて、志岐に持ち帰り、旧志岐城の本丸あとに祠を新設して、麟泉神社として祀られた。

志岐麟泉を偲び、次詩を呈する。

治政四百志岐誉　　治政四百（歳）は志岐の誉なり
時受耶蘇遂歇之　　時に耶蘇を受け遂に之を歇（やむ）
干城不利残夢跡　　干城利あらず残夢の跡
故里難亡果客土　　故里忘じ難し客土に果つ

天草五人衆の後裔

関ヶ原役後の天草

慶長五年（一六〇〇）九月十五日、関ヶ原の戦で小西行長は石田三成に与して敗戦。捕えられて十月一日、石田三成・安国寺恵瓊とともども京都の六条河原で処刑された。

九月二十一日、宇土城は加藤清正軍に攻められた。行長の留守居弟小西隼人長元が守っていた。城内には食糧、弾薬も十分にあり長期戦となった。神父アフオンソ・ゴンサルヴェスら司祭二人、修道士三人、数人の同宿が籠城し城外の宣教師と密通し、和平を講じたが実らなかった。

十月二十日、関ヶ原から逃げ帰った行長の臣、鉄砲頭の芳賀新吾と加藤内匠によって敗戦が伝えられた。十月二十三日、小西隼人は城兵の助命を条件に開城、自刃して果てた。城兵の死者五百人、負傷者七百人であった。

朝鮮の役で小西氏の一番隊に属していた有馬・大村・五島・松浦の諸氏は東軍に与した。有馬晴信の嗣子直純は加藤勢とともに宇土城を攻めた。

天草久種は小西行長にしたがい関ヶ原で戦った。戦後、領土は没収され備前を拝領した小早川秀秋に家臣八百人を伴つて臣従、四千石を宛がわれた。

八代の小西氏の支城にあった志岐諸経は、加藤氏に宇土古保里内立岡村に四二〇石が充てがわれ、抱えられた。同様にして小西氏に預けられていた栖本鎮弘は百人扶持、大矢野直重は母の名目で百人扶持を与えられ加藤氏に抱えられた。上津浦種直も同様である。石高は不詳である。

天草久種の弟天草新助種倫は加藤清正に仕え、八代郡高田郷豊原内に五百石、同弟、喜右衛門には二百石が宛行われた。

志岐氏の系譜

志岐諸経(親弘、のち藤右衛門尉親重)は慶長十二年(一六〇七)三月十五日、八代で死去、同地の本昌寺に葬られた。二子があった。正助親益・小左衛門尉親昌である。二人は加藤氏に仕えた。

親益は、寛永三年(一六二六)八代で死去、父と同じく本昌寺に葬られた。石高は家督を継ぎ四二〇石であった。

このあと二子親昌が継いだ。寛永九年（一六三二）加藤肥後守忠広の改易にて、一旦志岐に帰った。この時、家臣岡野藤左衛門を同伴した。藤左衛門は、翌年志岐氏が薩摩に移住するのに従わず、志岐に居残り、志岐に新田を開発、寛永十七年（一六四〇）死去した。のち子孫は富岡に移住、中元姓を名乗り代々天草の総弁指《そうべんざし》（漁業長）を勤めた。

親昌は、寛永十年（一六三三）三月二十三日、母に同心して従い志岐を出、同二十七日、薩州川内の内の白浜に着船、入来の内浦村に住居し島津家久に仕えた。寛永十四年（一六三七）、上府して、島津氏当主家久の二男光久に目見え、三百石を拝領した。のち島津義虎の四男渋谷重高（入来院）に招かれ、代々入来に定住した。重高は親昌の伯父に当る。

麟泉の実子、大五郎はすでに亡くなっている。

その二子為五郎重経は、志岐城落城ののち志岐に留まり、志岐姓を憚《はばか》って、母方の平井姓を名のり志岐の志国に住居した。慶長六年、寺沢志摩守が天草領主となるや、その翌々八年（一六〇三）、天草の大庄屋に差配された。妻は栖本親高の娘である。天草志岐組の大庄屋の祖である。寛永五年（一六二八）正月朔日亡くなった。

その三子大八郎重宗も志岐姓に憚《はばか》りあって、菊池氏を名のり、幼少より病弱であったので出家した。慶長六年、剃髪して明円と号し、同十三年、志岐城の北東、向かいの愛宕山山麓の新城という草地に草庵を構え蓮窓寺と称した。寛永八年、逝去した。妻木場城主硴久《かきひさ》大膳大夫重経の娘の間に一子を残した。良全という。まだ成年に至らず、母が明円の死後二年で亡くなると東本願寺へ出家。寛文三年、東本願寺琢如から木仏を拝受、寺号の免許を得、父創建の蓮窓寺のあとに楓蓮寺を開基した。

天草氏の系譜

天草久種の後裔については詳らかにしない。

天草久種には三人の弟がいた。次弟は天草三郎左衛門種方である。別名主水之助である。主水之助は、天草合戦で志岐城に参戦、故あって戦場を退いた者である。その後、本砥城の戦いに加わり、恐らくそこで戦死したものであろう。

三弟は、天草新助種倫である。行長に属し関ヶ原後、加藤清正に仕え、五百石を与えられた。その子種景新助は寺沢氏に仕え、富岡城に在番し御領村之内に三百石が充てがわれた。天草の乱に参戦、戦後筑前怡土郡福井の内三百石加増、寺沢氏断絶後、豊後の中川家を経て、四国松山の久松松平家に足軽頭で再仕官、四百石を与えられた。寛文九年（一六六七）八月、六十歳で死去した。以後、子孫は松平家へ仕え幕末に至った。

種倫の弟は、天草喜右衛門種真である。加藤清正に仕え二百石を与えられ、その子又十郎種親は百五十石を与えられた。代々熊本に居住した。

天草鎮尚の弟天草刑部の子は天草加左衛門与蔵である。その後、十大夫―文右衛門―喜右衛門と続いた。「肥後細川家分限帳」に天草文右衛門、二百石の記録があるので、細川家へ仕えたのであろう。

栖本氏の系譜

栖本親高の子、又七郎鎮弘《しひげろ》は行長に仕え、関ヶ原後、加藤清正に仕えた。初め百石を拝領、元和七年、一五〇石余と加増された。その子又七郎通次が寛永十年（一六三三）九月、細川忠利に召し出され二百石を与えられた。以後代々、細川氏に仕え幕末に至った。

森鷗外の「阿部一族」に登場する柄本又七郎はこの通次という。

寛永十八年三月十七日細川忠利の死に際し、家臣十九人が殉死した。うちただひとり阿倍弥一右衛門が許可なしの殉死であった。追腹は御法度である。

殉死者の遺族には加増があり、尊敬が集まった。しかし弥一右衛門の長子権兵衛にはこの恩典はなく、かえって家禄が一一〇〇石が兄弟五人に分割相続せられた。

翌年忠利の一周忌には殉死者の遺族には贈りものがあったが、権兵衛にはなかった。

翌寛永二十年二月、菩提所向陽院の落成法要の席上、権兵衛は突然曲げを切って落とす挙に出た。武士を棄てる意味であった。これが反逆として直ちに捕らえられた。

残された四人の兄弟、一族郎党が権兵衛の屋敷に立て籠もった。この不穏な形勢に、藩は御側弓鉄砲組を派遣、二月二十一日仏暁、攻め入って全員を討ち取り、逮捕していた権兵衛も処刑した。

この権兵衛屋敷の隣が栖本方又七郎の家であった。お互い勝手知った間柄であった。

これより先は、『肥後藩御士先祖』の栖本又七郎の項目を、意訳して記す。

一　栖本又七郎は、忠利入国の砌、寛永十年九月、澤村大学の肝煎りで、益城郡の内に二百石を拝領した。同二十年二月二十一日、阿部権兵衛の弟共の成敗を仰せつかり、仕手となった。阿部弥五兵衛と戦い、その後、七之丞に負傷を蒙り退去した。
組頭の善内蔵充《くらのすけ》が主君の使いとして来て、殿の言葉を賜った。

「今度の阿部権兵衛の弟共の件につき委細の首尾、討手の高見権右衛門から申しあげ、猶脇からも同様の証言を得た。そこもとの骨折りに殿はおおいに満足され、負傷の手疵、随分に養生するようにとの思し召しである」

その後内蔵充が、御花畑《おはなばたけ》へ又七郎を呼んで話した。

「阿部権兵衛の弟共の件、具《つぶさ》に聞かれ、かさねて殿からのお褒めの言葉が家老米田監物殿に伝えられた。よってこれをそこもとに伝える」

その後、手傷もよくなったので、正保元年（一六四四）六月、栖本又七郎は御前に召し出され、光尚に拝謁した。褒美に鉄砲十挺を預けられ、言われた。

「府中では気も晴れまい。府外に保養地を遣わす。山荘の地を見立てて申せ」

又七郎は、希望して益城の小池村に屋敷地を貰った。国の藪山《やぶやま》も拝領した。寛文十三年（一六七三）正月、又七郎は、罷免を申し出るも許されず、天和元年（一六八一）五月、隠居した。又七郎は、貞享元年（一六八四）七月、病死した。享年七十五歳であった。又七郎の子孫は、以後細川家へ仕えたようである。

上津浦氏の系譜

上津浦種貞の子種直は、父の死後、小西行長に抱えられ、さらに関ヶ原の役後、加藤清正に仕えた。加藤家藩士、下河又右衛門の与力に上津浦六左衛門がいて、二四五石を給された。加藤氏改易後、細川家に仕え二百石を給された。種直であろう。

寛永十三年（一六三六）の細川家の「切支丹転書物之事」の中に、切支丹を転んで禅宗となったとの記録がある。父ドン・ホクロン種貞の宗旨を継いでいたが、棄教したのであろう。

寛永十五年（一六三八）、島原の乱で細川藩の馬廻組に属し、増田（天草）四郎の姉婿、渡辺小左衛門らを熊本から原城へ護送する役目を務めた。

六左衛門は細川家では彦右衛門と改名し、正保三年（一六四六）死去した。二子を残した。太兵衛と源太郎である。太兵衛は父の二百石を相続し、八代城付となった。延宝元年（一六七三）故あって御暇となった。太兵衛には嗣子がなく上津浦家は断絶した。

源太郎は原田家に養子として入り、原田三助と改名していた。明暦三年（一六五七）十七歳で御児小姓に召し出され、有吉市郎組に属した。寛文十一年（一六七一）、新地二百石が給された。

大矢野氏の系譜

慶長三年（一五九八）十一月、朝鮮の順天倭橋城で戦死した大矢野種基、及びその長子種量のあとに残されたのは、種基の次男直重（安松、別名喜兵衛）十一歳であった。小西行長の宇土城にいた。慶長五年、小西行長は関ヶ原の役で敗退し、十月一日に処刑された。大矢野直重は、種基の後室とともに熊本へ移住した。加藤清正は種基と懇意にしていたことから直重の母に扶持を与え、月俸百人口を給した。

直重の嗣子五郎左衛門重次は、元和七年（一六二一）、加藤肥後守忠広から玉名郡永田村二百五十八石を宛がわれたが、寛永九年（一六三二）九月、加藤氏の改易により浪人した。筑後国立花左近将監の家来伯耆太郎兵衛が重次の叔父であったことから、そこを頼った。ところが、細川藩家老沢村大学が藩主忠利に重次のことを耳打ちし、よって寛永十年、細川氏に召し出され、阿蘇に二百石を頂戴した。以後小姓組となり、三代藩主綱利の時、江戸詰となった。寛文八年（一六六八）十月八日に死去。十二月、跡目を長子彦四郎が継いだ。その後、又五郎―喜兵衛―五郎左衛門と続き、門兵衛の時、文政八年（一八二五）二月、家宝として伝来していた『蒙古襲来絵詞』の散逸を懸念し、これを細川家に寄託した。これは、明治二年（一八六九）廃藩のとき細川家から返還された。

大矢野氏が拠点とした大矢野城跡
（上天草市教育委員会提供）

門兵衛の子、十郎は『蒙古襲来絵巻物履歴』を著し、伝来の由来を述べた。ひらがな書きで記す。

予が家に伝わる蒙古襲来の古き絵巻物は、普く指揮者の了知する所にして、六百余年前の古戦場の実況を画きたるもの。幸に今世に存在せる。実に我が日本帝国の武名を光輝かし且つ其画面の堯なる日本帝国中に於いて無類のものとす。（中略）この二役に戦功ありける肥後国竹崎李長、自身の働きの景況及び目撃したる所の現状を、土佐画工（長隆、長章、商工名鑑に在り）父子に嘱託して画かしめ、詞書は自筆して其家に蔵む（李長肥後国海東四郷を領して豊福に住す）数代を経て該家衰退に際し、同国宇土（宇土は豊福の隣郡にあり）の城主、（名和）伯耆左兵衛尉顕孝の家に伝う。此時、同国天草大矢野の城主、大矢野民部大夫種基（大矢野十郎、安種の後裔）顕孝の女と婚す。顕孝以為《おもえら》く、文永弘安の二役、我が家に於いて関する所なし。種基祖先、大矢野十郎、種保兄弟三人、李長と共に敵艦に進撃するの景況、絵巻中画面顕然たり。種基家宝とす可しと。依ってこれを種基に贈る。（以下略）

熊本県肥後国飽田郡古町村士族　大矢野十郎

ここでは、竹崎家から名和氏へ如何なる理由で「絵詞」が譲られたかについてはふれられていない。竹崎李長の晩年のことについてはよく知られていない。

永仁元年（一二九三）真言宗大谷派塔福寺を建立、出家して法喜と名乗り、唱和二年（一三一四）、六九歳で死去したもようである。彼の子孫が幾代続いたかも不明である。時期不詳なるも、名和氏の豊福城に城主竹崎玄蕃亮安清の名前があるのみである。

名和顕孝が娘を大矢野種基に嫁にやった時、この「絵詞」を引き出物として大矢野氏に贈ったのは事実であろう。その時期は次のように推定される。

大矢野種量が、慶長三年、朝鮮の順天で戦死したときは十六歳であった。これを逆算すると、生まれは、天正九年（一五八三）となり、種基の結婚はそれ以前ということになる。

おりしも、天正六年、日向の耳川の戦いで大友氏を大敗させた島津氏は、矛先を肥後に向けた。宇土にも進出し、名和氏はその軍門に降った。

一方、大矢野氏を含め、天草五人衆も島津氏に与していた。宇土半島の西端、三角海峡を隔てて大矢野島が隣接している。名和氏はこの地縁性を利して大矢野氏と誼を通じた。

名和顕孝が大矢野種基に娘を嫁がせたのは政略結婚であったろう。

名和顕孝は古宇土城最後の城主となった。天正十五年（一五八七）、肥後の新領主となった佐々成政に対し、国衆が一揆して反乱を起こした。国衆の一員たる名和顕孝は、その節、大坂におもむいて、中立を保つことを釈明したが、地元宇土城では城代名和顕輝（顕孝の弟）が開城を拒否し取りつぶされた。その後、顕孝は筑前に五百石をあてがわれ、小早川隆景に属した。

大矢野城跡内に残る大矢野氏の供養塔
（上天草市教育委員会提供）

明治二十二年十二月、大矢野十郎は『蒙古襲来絵詞』上下二巻を明治天皇へ献納した。宮内庁はこれを買い上げ、皇居御蔵内の三の丸尚古館に保管された。

大矢野宗家は十郎の嗣子哲太郎に世襲なく途絶えた。その血統は鉄太郎の妹幾久枝の嫁ぎ先吉田家に残った。

大矢野氏の分家の一つはこうである。大矢野直重の三男種道は、島原の乱の原城の戦いで負傷し、同年四月四日死去した。十八歳であった。種道の次弟一仲が、兄種道の戦功を賞され、細川氏より、飽田郡池田村手永において柿原村に百石を給された。一仲に継ぎ種末以後、代々細川家へ仕え幕末に及んだ。

（完）

各氏系図

［大蔵・天草・大矢野三氏関係図］

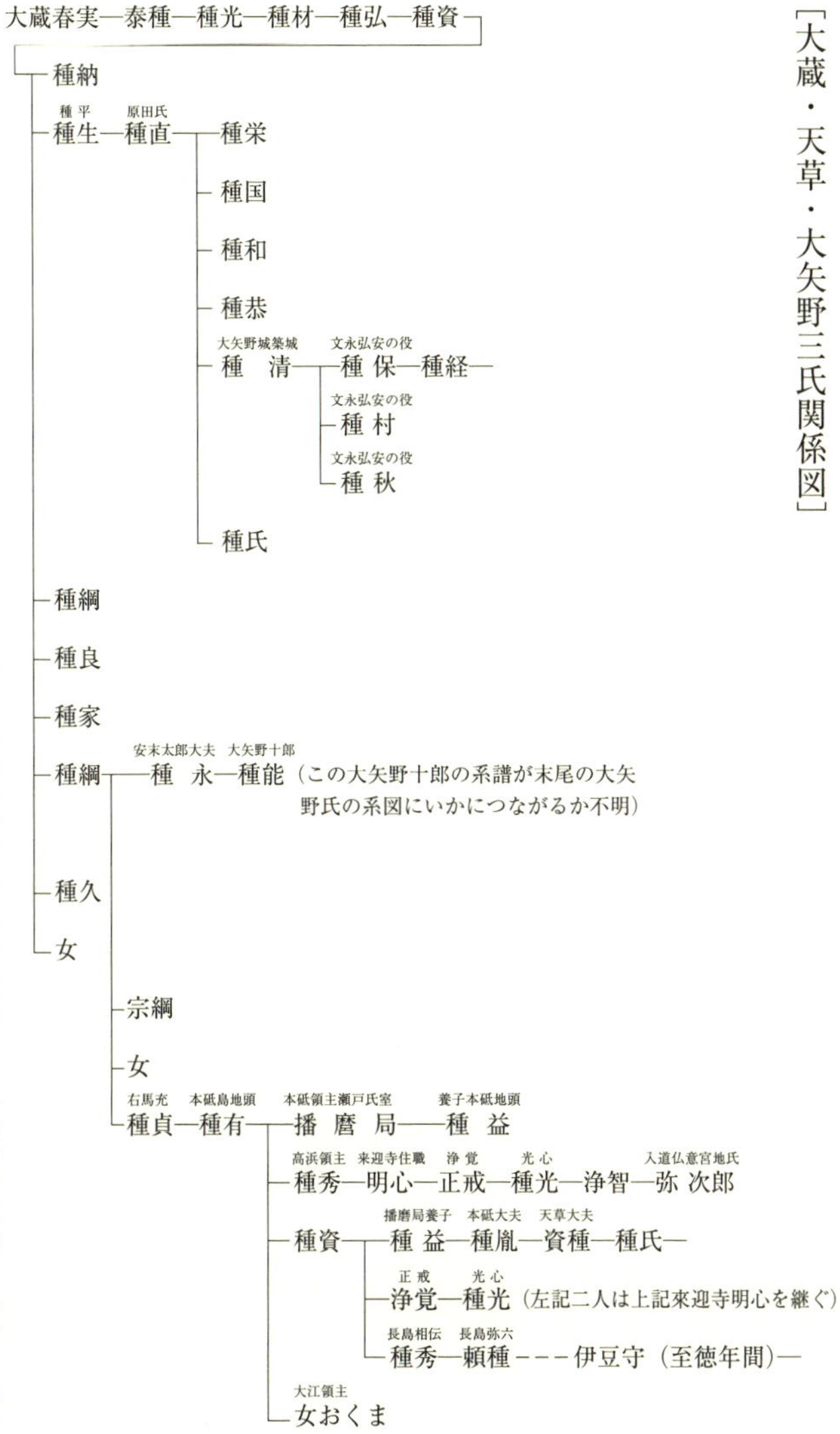

註：大蔵氏略系図（天草氏）と大矢野氏家譜を参考に作成

［菊池氏・栖本氏系図］

藤原蔵規（太宰大監）―則隆┬政隆―隆基―（菊池氏）
　　　　　　　　　　　├保隆（小島次郎）―経保（小島次郎）―経基（中村太郎）…某（栖本京亮）…某（民部大輔）…鎮通（浜部大輔）┬親高（八郎）
　　　　　　　　　　　│　　├通隆（基右衛門）―鎮弘（又七郎）―通次（又七郎　阿部一族と戦う）―助七―松雄―（栖本氏代々細川氏に仕官）
　　　　　　　　　　　│　　└女（天草久種室）
　　　　　　　　　　　└経隆―経政―政弘―（志岐氏）

［大蔵氏・上津浦氏系図］

大蔵春実（征西将軍）―泰種―種光―種材―種弘―種資┬種納―種衡―
　　　　　　　　　　　　　　　　　　　　　　　　├種生―種直―種栄…某（左京亮）―某（上総介）―種和（上総介）―邦種（上総介）―治種―種教（右衛門大夫）―鎮貞（上総介）―種貞（四郎）―種直（六左衛門のち彦右衛門）┬太兵衛（細川氏仕官）（のち浪人嗣子なく上津浦氏断絶）
　　　　　　　　　　　　　　　　　　　　　　　　│　　　└源太郎（原田三郎）―彦右衛門（原田）
　　　　　　　　　　　　　　　　　　　　　　　　├種綱
　　　　　　　　　　　　　　　　　　　　　　　　├種良
　　　　　　　　　　　　　　　　　　　　　　　　├種家
　　　　　　　　　　　　　　　　　　　　　　　　├種綱┬種永（安永太郎大夫）―種能（大矢野十郎）
　　　　　　　　　　　　　　　　　　　　　　　　│　　├宗鋼
　　　　　　　　　　　　　　　　　　　　　　　　│　　└種貞―種有（天草氏）
　　　　　　　　　　　　　　　　　　　　　　　　└種久

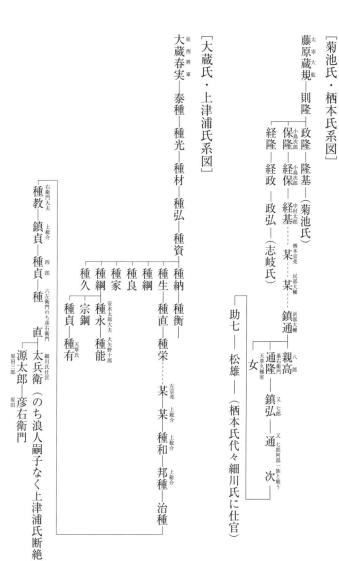

〔大蔵氏・大矢野氏系図（大矢野家譜暫定による）〕

大蔵春実—泰種—種光—種材—種弘—種資—

- 種納—種衡—
- 種生—種直—
  - 種栄
  - 種国
  - 種和
  - 種恭—
  - 種清—
    - 文永弘安の役 種　保
    - 文永弘安の役 種　村
    - 文永弘安の役 種　秋
- 種綱
- 種良
- 種家
- 種綱—種家—大矢野十郎 種能
- 種久

種経—種一—種顕—種豊—種次—種則—種家—種郷—種光（鎮運《しげゆき》）—

順天で歿 種基—順天で歿 種量

- 加藤氏へ仕官 直　重—重次—彦四郎—又五郎—喜兵衛—
  - 五郎左衛門—門兵衛—十郎—
    - 哲太郎（世襲なし）
    - 吉田幾久枝（姫路在）
- 種昌
- 種道《たねみち》（島原の乱で戦死）
  - 仲（飽田郡池田村手永於柿原村百石給）—種末—種治—種長—
  - 種之—種重—種常—種政—種方—種邑—種美—種武—種義—
  - 廉臣（種義長男・稲田直彦）—種之（種義二男・廉次）—
  - ヲヲル（種義長女）—種英—彦四郎（種義四男）—
  - 種秀（弘・源四郎隠居して養子となる）—種康—（花園大矢野氏）
- 又右衛門—忠蔵—又右衛門—猪七郎—源右衛門—熊彦—武馬
- 種宗—種治—仲忠太—
  - 両右衛門—彦左衛門—恵左衛門—
    - 十右衛門—勝次郎—小次郎（現安野姓）
  - 善蔵—要—只八—種善—武八郎—
    - 種吉—種続（菊池大矢野氏）

［大蔵氏・天草氏系図］

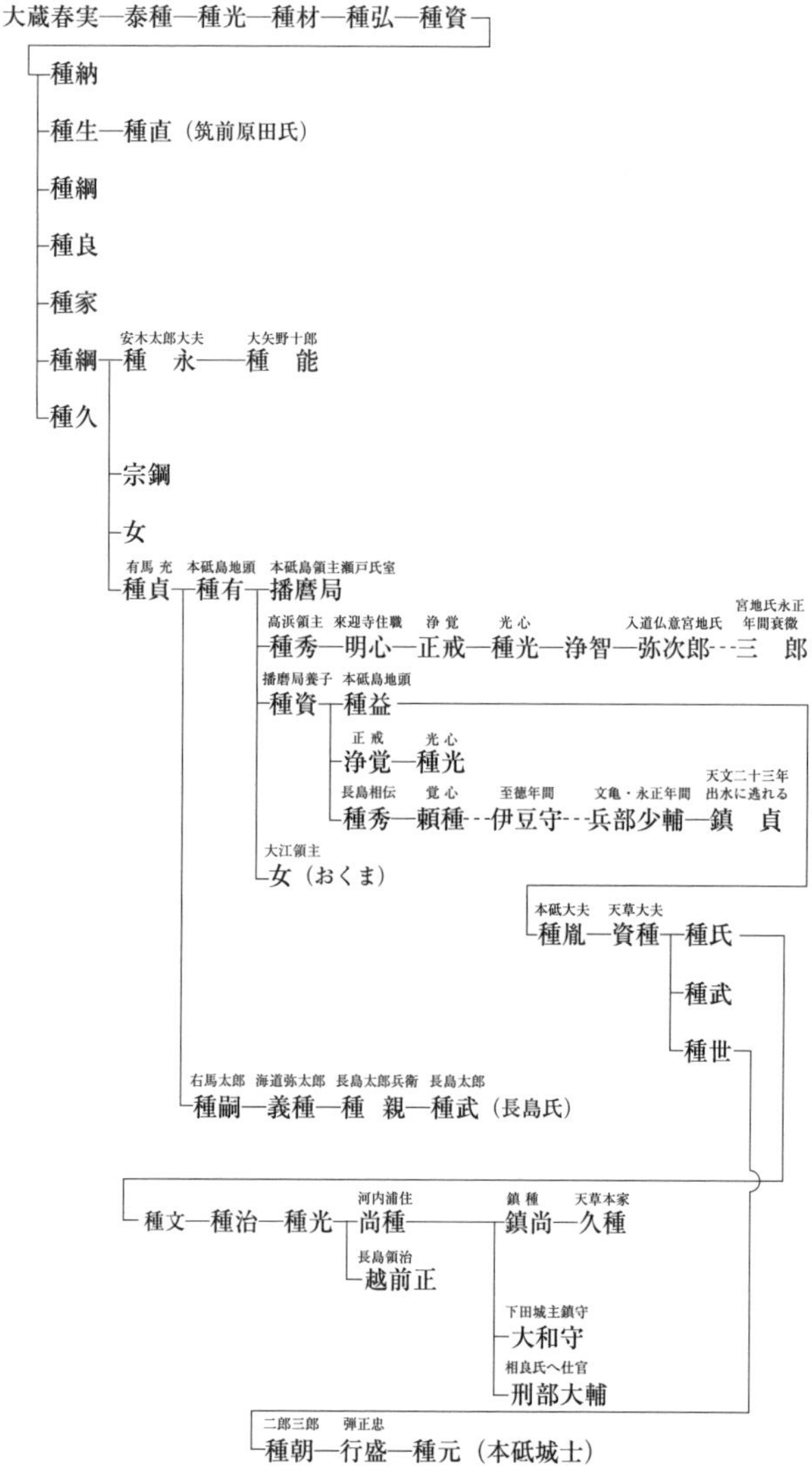

註：天草氏、上津浦氏と大矢野氏では原田種直の位置が異なっている。（諸説あり）

［天草種久前後の系譜］

資種
- 種氏—種文—種治—種光
  - 尚種
    - 鎮尚
      - 久　種（天草太郎左衛門）—弥十朗（天草本家）
      - 種方（主水助）
      - 種倫（新助）（本砥代官）—種　景（市十郎新助）（子孫松山藩仕官）
      - 種真（喜右衛門）—種親（又三郎）—種吉（七之丞）—種信（喜左衛門）（熊本天草氏）
    - 大和
    - 刑部大輔—与蔵（加右衛門）—十大夫（細川氏仕官）—文右衛門—喜右衛門（横浜天草氏）
  - 越前正
- 種武
- 種世—種朝—行盛
  - 種元（本砥城主）
  - 女（天草鎮尚室）
  - 京（木山弾正忠正親室）—（木山家）

［菊池氏・志岐氏系図 一］

藤原蔵規—則隆—経隆（警固太郎）
- 経政（山鹿大夫）—政弘—弘宗—弘　家（出羽守号志岐）—良弘—光弘（藤原氏）—家弘（法名信阿）—景光（専阿）—景弘（弘円）—光弘—光景—隆弘—経弘—知遠—忠遠—高遠—安遠—達治—重遠—重弘
  - 鎮弘（麟泉）—諸経（養子林専）（志岐氏）
  - 経弘（治部少輔）
    - 男ガスパル
    - 男
- 経頼（菊池氏）

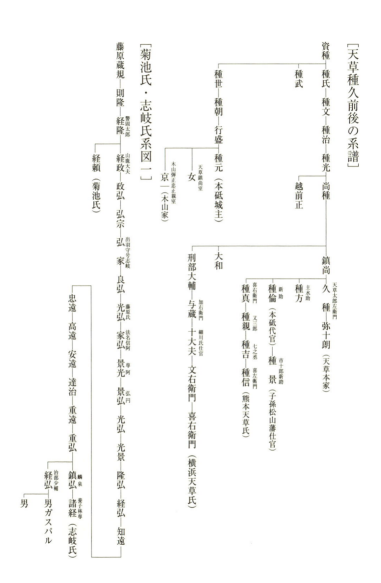

［菊池氏・志岐氏系図二］

有馬晴純の五男
志岐麟泉――諸　経――益親（麟泉以後系譜を記す）
‖　　　　‖
有馬尚鑑の娘　島津良虎の娘
前室有馬氏　室島津氏

平井経治の妹
後室平井氏

益親――親昌―守親―親名―親斉―親興―親猷―親以―守厚―守行―守治（薩摩志岐氏）

神五郎
―種親（以下実子、母平井氏）
室天草久種妹

為五郎
―重経―正利―勘助―賀兵衛―孫七郎右衛門―嘉兵衛―晋七―勘次郎―与次右衛門―政光―儀兵衛―徳隣―達治―愛策―儀禮―並次郎―太賀―建治（平井氏）（元志岐組大庄屋家）
室栖本親高娘

大八郎楓蓮寺明円　蓮窓寺
―重　宗―良全―俊良―恵俊―義天―良永―義良―覚融―磁恵―密雲―雷震（菊池氏）―正道―英信（蓮窓寺）
室硴久大膳大夫娘
（雷震に「菊池姓」、正道に「唐津姓」、英信に「唐津姓」と注記）

―女

附記　平井家分家

平井勘助四男
忠　兵衛―忠兵衛―小左衛門―忠兵衛―忠兵衛貞陳―勘四郎―甚太郎―林一郎―正衛―正良（白木尾村庄屋）

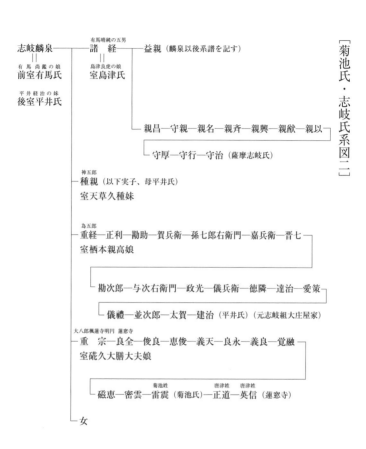

[天草五人衆関係図二]

- 志岐城主 志岐重弘
  - 麟泉ドン・ジョアン 志岐鎮経
    - ＝ 前室有馬尚鑑娘
    - 後室平井経治妹
    - 有馬晴純五男キリシタン 志岐諸経
      - ＝ 室島津義虎娘
      - 親益
      - 親昌
    - 神五郎 志岐種親
      - 母平井経治妹
      - 室天草久種妹
    - 為五郎 平井重経——平井正利
      - 母平井経治妹
      - 室栖本親高娘
    - 大八郎 菊池重宗——楓蓮寺 菊池良全
      - 母平井経治妹
      - 室硴久大膳娘
    - 女
      - 母平井経治妹
  - 志岐経弘
    - 志岐ガスパル
    - 男

- 上津浦城主 上津浦種教
  - 上総之佐 上津浦鎮貞
    - 四郎ドン・ホクロン 上津浦種貞
      - 上津浦種直
    - 種貞姉栖本親高室

- 栖本城主 栖本某
  - ドン・ベルトロメウ 栖本鎮通
    - ＝ 室ドナ・クララ
    - ドン・ジョアン 栖本親高
      - ＝ キリシタン 室上津浦種貞姉
    - キリシタン 栖本通隆
      - 鎮弘

- 大矢野城主 大矢野種光（大矢野鎮運） 種光と同一人物の可能性アリ
  - ドン・ジャコベ 大矢野種基
    - ＝ ドナ・ジョアンナ 室名和顕孝娘
    - ドン・ジョアン 大矢野種量
    - 大矢野直重

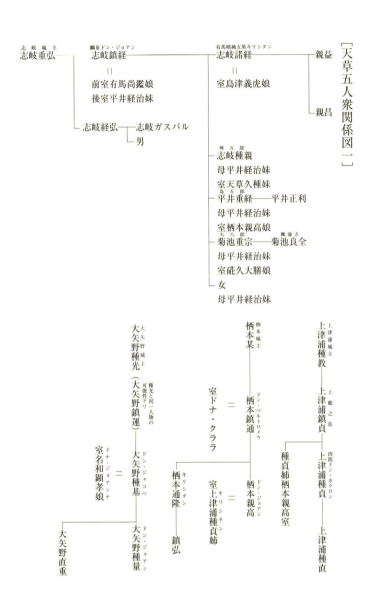

［天草五人衆関係図二］

天草資種―種世―種朝―種治

- 種治
  - 種満―尚種（河内浦城主）
    - ドン・ミゲル 天草鎮尚 ＝ 室天草行盛娘 ドナ・ガラシア
      - ドン・ジョアン 天草久種 ＝ 室栖本鎮通娘 ドナ・ジョアナ
        - 弥十郎
      - 種方
      - 種倫―種景
      - 種真―種親
    - 大和守 大矢野にて受洗
    - 刑部大輔 相良義陽と共に戦死―与蔵―十大夫
  - 天草行盛 本砥城主
    - ドン・アンドレ 天草種元 ＝ 室キリシタン
    - 女天草鎮尚室
    - お京 木山正親室 ＝ 木山弾正忠正親
      - 木山伝九郎 父とともに戦死―木山十兵衛 本戸組大庄屋

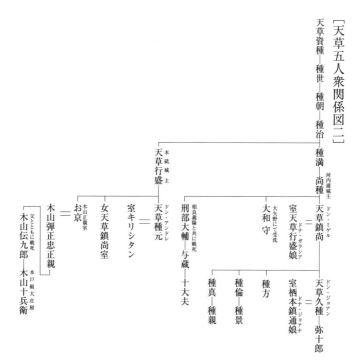

参考文献

天草郡教育委員会編『天草郡史料』第一、二輯、天草郡教育委員会編、一九一三、四一年
坂本箕山著『頼山陽大観』山陽遺跡研究会、一九一六年
フロイス著、松田毅一、川崎桃太訳『日本史』一－十二、中央公論社、一九七八－八一年
苓北町史編さん委員会編『苓北町史』資料編、苓北町、一九八五年
芥川竜男編『大友宗麟のすべて』新人物往来社、一九八六年
苓北町史編さん委員会編『苓北町史』苓北町、一九八七年
松島町史編纂委員会編『松島町史』松島町、一九八七年
オメガ社編『地方別日本の名族十二――九州編二大分県・宮崎県・熊本県・鹿児島県・沖縄県』新人物往来社、一九八九年
本渡市史編纂委員会編『本渡市史』本渡市、一九九一年
池田こういち著『肥後相良一族』新人物往来社、二〇〇五年
中村一紀、高野茂、大田幸博著『大矢野氏の活躍』（上天草市史　大矢野町編二　中世）、上天草市、二〇〇七年

あとがき

天草といえば、天草四郎の生地ということと、天草・島原の乱にて多くの殉教者をだした、はかなくも、はなやかな、しかも悲劇的な島のイメージがつよいようです。確かに、ザビエルが一五四九年、日本にきてキリシタンの布教をはじめ、それはあたかも日本全体が洗礼をあびたようなもので、その結末が、天草・島原の乱であったことは間違いありません。

乱後一年の寛永十六年（一六三九）、幕府は、鎖国令を発し、伴天連とキリシタンの日本入国を全面的に禁止しました。いかに幕府が、キリシタンを危険視していたかがわかります。日本は外国の植民地となるのではないかと心配をしたのです。

この『天草興亡記』は、そのキリシタン受け入れの土壌を生んだ、天草の乱以前、関ヶ原役ころ（一六〇〇年）までの天草の歴史を訪ねるものです。

中世、天草は、天草五人衆という豪族によって分割統治されていました。この探訪は、この五人衆を中心に展開してまいります。

鎌倉幕府（一一九二―一三三三）により、武家政治がはじまりました。これより先、文治元年（一一八五）、源頼朝は、諸国に守護・地頭を設置しました。地方を支配統括するためです。九州の守護で、主なものは、武藤・大友・島津・北条氏らです。この制度のもとに、地方の豪族が台頭してまいります。肥後でいえば、菊地・相良・阿蘇氏です。肥前では有馬・大村・松浦・龍造寺氏です。天草五人衆のうち、栖本・上津浦、大矢野氏は除いて、志岐氏と天草氏が地頭になりました。

天草島は九州の西南に位置し、僻遠にして、山林が海に迫り、耕地は少なく、痩せ地ばかりで統治しにくい困難の多い土地柄でした。小領主としては、その自然的条件のほかに、他の豪族に伍して、生き残っていく苦労は並大抵ではありませんでした。

鎌倉時代、南北朝時代、戦国時代、安土桃山時代の時代背景のもと、天草五人衆は、ときおりお互いに領地問題で争い、あるいは身の保全のために共同し、与する守護大名のために戦乱に掻き出され、最後は、キリシタンに帰依するなどと、懸命につとめましたが、慶長年間、ついに没落していきました。小領主の悲劇というべきでしょう。

以上、本書のあらましをしるし、天草をご理解いただく一助にしていただければ、幸です。

関ヶ原役後、天草は、唐津藩主寺沢氏の領土となり、天草・島原の乱が起こりました。そのあとは、備中成羽より山崎家治が入封するも、三年後、寛永十八年に転封になって、天草は天領になりました。ここに本格的地域復興が推進されました。天草五人衆とはまた異なった困難がありましたが、鈴木氏の代官二代にわたる献身的努力により、復興が成し遂げられました。

こうした歴史を振り返ると、天草の魅力は尽きません。本書が天草の乱後の関係諸本をひもといていかれる端緒ともなれば、筆者としてこれにすぐる喜びはありません。

示車右甫（じしゃ・ゆうほ）
1931（昭和６）年，福岡県に生まれる
1950（昭和25）年，福岡市立博多工業高校卒業
2004（平成16）年，東福岡信用組合退職
【著書】
『断食者崩壊』（1967年，福岡市民芸術祭賞・小説部門の一席）
『天草回廊記』（上・下，文芸社，2006・08年）
『対馬往還記』（海鳥社，2009年）
『天草回廊記　志岐麟泉』（海鳥社，2010年）
『天草回廊記　隠れキリシタン』（海鳥社，2012年）
『廃仏毀釈異聞』（海鳥社，2014年）

歴史探訪《れきしたんぼう》　天草興亡記《あまくさこうぼうき》

■

2015年3月10日　第1刷発行

■

著　者　示車右甫

発行者　西　俊明

発行所　有限会社海鳥社

〒812-0023　福岡市博多区奈良屋町13番4号

電話092(272)0120　FAX092(272)0121

http://www.kaichosha-f.co.jp

印刷・製本　大村印刷株式会社

［定価は表紙カバーに表示］

ISBN978-4-87415-935-4